Klaus-Peter Wolf, Andreas Scheepker, Bernd Flessner,
Manfred Reuter, Jutta Oltmanns, Désirée Warntjen,
Lübbert R. Haneborger und Silke Arends

8 Acht Siele
Acht Verbrechen

Mit Kurzportraits der Sielorte

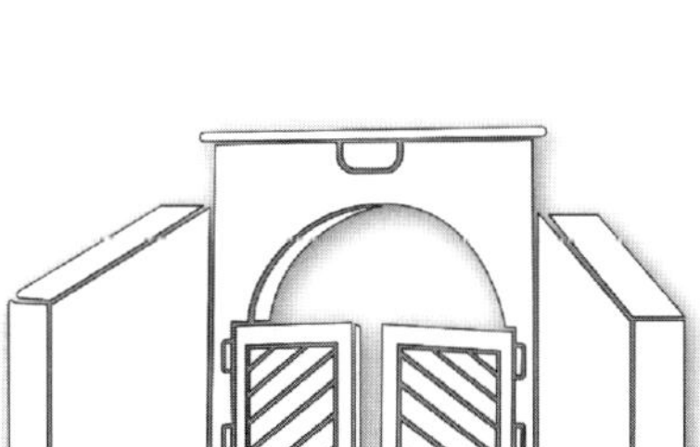

Edition **Ostfriesland Magazin** | Premium

Soviel steht fest: Dies sind Kriminalgeschichten, nicht mehr und nicht weniger. Personen und Handlungen sind frei erfunden. Ähnlichkeiten mit Lebenden oder Toten oder real existierenden Einrichtungen sind nicht beabsichtigt. Auch Kulissen ähneln der Realität. Und bleiben doch Kulissen.

8 Siele – 8 Verbrechen

Mit Kurzkrimis von
Klaus-Peter Wolf, Andreas Scheepker, Bernd Flessner, Manfred Reuter, Jutta Oltmanns, Désirée Warntjen, Lübbert R. Haneborger und Silke Arends

Das Buch erscheint in der Edition Ostfriesland Magazin

1. Auflage 2011
ISBN 978-3-939870-89-0

Bibliografische Information der Deutschen Bibliothek: Die Deutsche Bibliothek verzeichnet diese Publikation in der Deutschen Nationalbibliografie; detaillierte bibliografische Daten sind im Internet über ‹http://dnb.ddb.de› abrufbar.

Verlagsanschrift:
Stellmacherstraße 14, 26506 Norden
Internet: www.skn.info, E-Mail: verlag@skn.info

Lektorat: Inge Straatmann / Hildegard Schepker
Umschlaggestaltung / Layout: Wiebke Rocker
Konzept / Produktion / Ortsportraits: Dr. Lübbert R. Haneborger / Silke Arends

Grundschrift: Caslon Regular

Druck und Gesamtherstellung:
SKN Druck und Verlag GmbH & Co. KG
Printed in Germany

Fotos: SKN-Bildarchiv, Martin Stromann; außer: Bianca Ites (S. 46, 51 o., 75 o., 88, 93 u., 161, 186 [3], 188 [2], 191 u. [Fotomodell: Anna Sophie Inden]), Lübbert R. Haneborger (S. 49, 72, 73, 75 u.), Andrea Meyenburg (S. 26, 71), Silke Arends (S. 183 u.), Marie Kleine (S. 187 [2]).

Sowie: Thomas Fröhling (S. 186 [1]), Andreas Riedel (S. 186 [2]), Werner Reiners (S. 187 [1]), Johannes Ludwigs (S. 187 [3]) und Wiebke Warntjen (S. 188 [1]).

Inhaltsverzeichnis

„Endloses bitteres Meer, aber wende den Kopf, da ist die Küste."
– Aus China –

Kriminelle Siel-Geschichten

Georges Simenon (1903–1989) ließ seinen unsterblichen Kommissar Maigret nicht bloß im Umfeld seines Polizei-Büros am Quai des Orfèvres ermitteln. Auch außerhalb des Stadtgebietes von Paris galt es, Verbrechen aufzuklären. Nicht nur in einer *„kleinen Landkneipe"* oder während der *„Kur"*, das *„Verbrechen"* führte ihn auch zu den *„Flamen"* und nach *„Holland"*. Was mancher nicht weiß: Erdacht hat Simenon seine Titelfigur 1929 in einem Café in Delfzijl (also in *Delfsiel*) – gleich hinter der deutsch-niederländischen Grenze. Atmosphäre und Lokalkolorit spielen im Werk des belgischen Bestsellerautors immer eine große Rolle, auch oder gerade, weil er sich damit begnügte, in einfacher Sprache zu schreiben und ein Vokabular von nur etwa 1 000 Wörtern zu verwenden.

Ein wenig von dieser inspirierenden Ursprünglichkeit, die Simenon in den 1930er Jahren in der Provinz Groningen begegnet sein mag, hat sich bis heute ebenso in der Nachbarregion Ostfriesland erhalten. Und nirgendwo sonst kommt das Norddeutsche so charakteristisch zum Vorschein wie in den kleinen Sielorten, die sich wie die Auftriebskugeln an den Netzen der Fischkutter entlang der Küstenlinie aufreihen. Tausende von Urlaubern kommen jedes Jahr, um zwischen Fischkuttern und Fährschiffen, in malerischen Gassen und entlang des Weltnaturerbes Wattenmeer zu flanieren. Immer begleitet von einer frischen Brise Nordseeluft und dem launischen Geschrei der Möwen.

Als verschließbare Gewässerdurchlässe im Deichverlauf sorgen die Siele seit Jahrhunderten für die Entwässerung des Hinterlandes und gaben den besiedelten Ortschaften in ihrer Nähe zugleich den Namen. Das Wort „Siel“ für sich genommen hat drei Bedeutungen. Selten bezeichnet es einerseits eine Röhrenleitung für Abwässer. Meist bezieht es sich direkt auf eine Deichschleuse zur Entwässerung oder aber auf den dazugehörigen Abzugskanal, der auch Sielzug genannt wird. Das Siel ist folglich Teil eines größeren Entwässerungssystems des hinter dem Deich gelegenen Binnenlandes, besonders in Marschgebieten. Inzwischen gibt es aber auch im Binnenland gelegene Sielorte (wie Carolinensiel), da sich durch jüngere Eindeichungen in den nachfolgenden Jahrhunderten die Küstenlinie nach und nach verschoben hat, wodurch neue Sielorte (wie Harlesiel) entstehen konnten.

Anfang der 1990er Jahre eröffnete das neu angelegte Leysiel dem dahinterliegenden Greetsiel einen tideunabhängigen Zugang zum Meer.

Ein modernes Sielbauwerk besteht in der Regel aus dem von außen sichtbaren Sielgebäude, dem Antriebsraum und der Hubschützkammer in seinem Inneren und der Sielkammer mit deren Ein- und Auslaufbauwerken. Die Tore eines Sieles sind je nach Wasserstand geöffnet oder geschlossen. Somit kann Wasser aus dem Binnenland aufgestaut werden oder frei abfließen. Bei Flut schließen sich die seeseitig angeordneten Tore eines Sieles automatisch durch den Druck des von See auflaufenden Wassers und öffnen sich wieder bei steigendem Innendruck, wenn bei eintretender Ebbe der Wasserstand des Meeres unter den Binnenwasserstand fällt. Anstelle von Sielen werden auch Schöpfwerke (also Pumpstationen) eingesetzt, die das Wasser außendeichs aus den Sielzügen pumpen.

Als wir uns daranmachten, nach dem großen Erfolg des 2010 veröffentlichten Krimibandes „7 Inseln – 7 Krimis" von Barbara Saladin einen Nachfolgeband zu kreieren, lag es deshalb nahe, einmal den Sielorten die literarische Ehre zu erweisen. Die Idee, die Krimis mit bebilderten Ortsportraits zu ergänzen und so eine Mischung aus Krimi-Anthologie und Reiseführer zu schaffen, haben wir gerne beibehalten. Die Farbfotos unserer Ostfriesland-Magazin-Kollegen Martin Stromann und Bianca Ites runden dabei die kriminalistischen Erlebnisreisen an Ostfrieslands Küste ab.

Natürlich gibt es weit mehr als die acht Siele, die in diesem Buch erscheinen.* Wir mussten für diesen Band jedoch eine Auswahl treffen und haben uns insbesondere für jene Orte entschieden, die auch auf „-siel" enden. Als Mitherausgeber und Krimi-Leser wollten wir auch selbst einen Kurzkrimi beitragen und fanden in den bekannten Krimiautoren der Region bald begeisterte Mitstreiter. Bei den Geschichten musste nicht notwendigerweise ein Kapitalverbrechen im

Mittelpunkt stehen und auch die Zeit, in der sie spielen, wollten wir nicht festlegen. Wichtig war uns jedoch, die Atmosphäre des jeweils dargestellten Ortes zumindest ansatzweise widergespiegelt zu sehen.

Lübbert R. Haneborger und Silke Arends
– Ostfriesland Magazin –

---

* *Zu den Sielorten der ostfriesischen Halbinsel zählen: Altfunnixsiel, Altharlingersiel, Altgarmssiel, Bensersiel, Borssum, Carolinensiel, Ditzum, Dornumersiel, Fedderwardersiel, Friederikensiel, Greetsiel, Harlesiel, Hilgenriedersiel, Hooksiel, Horumersiel, Inhausersiel, Kniphausersiel, Knock (bei Wybelsum), Leybuchtsiel (bei Norden), Leysiel (in der Krummhörn), Neßmersiel, Neufunnixsiel, Neugarmssiel, Neuharlingersiel, Petkum, Rüstersiel, Sophiensiel, Wapelersiel (bei Varel) und Westeraccumersiel.*

Greetsiel

Bernd Flessner

Ungleicher Kampf

Rainer Weber.

Sportlich, groß, schlank, auch noch mit über vierzig, volles Haar, Dreitagebart, erfolgreich. Die Zahl seiner Ferienwohnungen und Souvenirläden war ebenso wenig bekannt wie die seiner Freundinnen und sonstigen Abenteuer.

Rainer Weber.

Stand jede Woche in der Zeitung, weil er für irgendeine gute Sache Geld gespendet hatte, weil er sich für neue Qualitätsstandards im Tourismus eingesetzt hatte, weil er erfolgreich an einer Rallye teilgenommen hatte.

Rainer Weber.

Lachte jedem ins Gesicht, den er traf, hatte einen kräftigen Händedruck, duzte den Ortsvorsteher und den Bürgermeister, bewohnte einen traumhaft renovierten und ausgebauten Gulfhof mit Pool und Sauna, in dem regelmäßig wilde Partys gefeiert wurden.

Schon als Kind hatte ihn Hinrich Meyer gehasst. Beim Sport hatte ihn Rainer nie in seine Mannschaft gewählt. Es sei denn, er war der Letzte auf der Bank. Dann hatte er nicht einmal seinen Namen gerufen, sondern nur mit den Augen gerollt und die Positionen verteilt. Hatte Rainer seine Hausaufgaben vergessen, was oft genug vorkam, hatte er sich einfach bei ihm bedient, hatte seine Schultasche aufgerissen, das passende Heft herausgezogen und die Aufgabe abgeschrieben. Stellte sie sich jedoch als fehlerhaft heraus, hatte ihn Rainer mit harmlosen, aber spürbaren Schlägen in der Pause über den Schulhof gejagt, bis alle lachten, bis sogar der Aufsicht führende Lehrer lachte. Denn auch Rainer lachte und ließ seine Strafexpedition immer wie einen Spaß aussehen.

Später, als sie zusammen zur Fahrschule gingen, hatte Rainer mit anderen Klassenkameraden gewettet, dass er durchfallen würde. Er hatte ihn so oft als lebenslangen Fußgänger und Radfahrer tituliert und mit spöttischen Bemerkungen verunsichert, bis er dann tatsächlich durchgefallen war. Nach der fünften Prüfung hatte er schließlich aufgegeben. Bis in seine Träume hatte Rainer ihn verfolgt. Sein Leben lang hatte Rainer ihn verfolgt. Und fast ebenso lang hatte er mit dem Gedanken gespielt, ihn eines Tages umzubringen, zu ermorden, aus dem Weg zu räumen, zu beseitigen. Aber es war immer nur beim Gedankenspiel geblieben. Nie hatte er ernsthaft an die Durchführung der im Laufe der Zeit ersonnenen und durchgespielten Pläne gedacht.

Bis zum gestrigen Abend. Als er zufällig im *Witthus* Irene in seinen Armen mehr oder weniger hatte liegen sehen. Ausgerechnet Irene. An die er sich seit Monaten so behutsam und wohlüberlegt herangepirscht hatte. Irene, die erst vor einem Jahr nach Greetsiel gezogen war, in die er sich noch während des ersten Zusammentreffens verliebt hatte, die endlich eine Frau war, die für ihn als Heiratskandidatin in Frage kam. Lange, fast schwarze Haare, rehbraune Augen und trotz ihrer bestimmt schon fünfunddreißig Jahre noch immer ein Mädchen, ein unbekümmertes, liebenswertes, fröhliches Mädchen, das an der Schule eine pensionierte Lehrerin ersetzt hatte. Genau die Richtige für ihn.

Zum Orgelkonzert nach Norden hatte er sie mitgenommen, zu einer Ausstellung in die Emder Kunsthalle und zu einem Vortrag nach Aurich. Jedes Mal hatte er sie eingeladen, hatte ihr in den Mantel geholfen und natürlich auch das Taxi bezahlt. Phase eins war damit abgeschlossen gewesen. Für die kommende Woche hatte er den Beginn der Phase zwei angesetzt. Er hatte sie zu sich nach Hause einladen und dort bekochen wollen. Liebe ging bekanntlich durch den Magen. Und wer hatte da bessere Chancen als ein gelernter Koch?

Offenbar Rainer Weber, der von keinem Rock seine gierigen Finger lassen konnte. Von der Küche aus hatte er sie beobachtet, als er einem Kollegen im *Witthus* einen kurzen Besuch abgestattet hatte. Mit Blicken hatte Rainer sie aufgefressen, hatte seine Show vor ihr abgezogen, hatte seine üblichen Begleiter weggeschickt, um mit seinem Opfer allein zu sein. Champagner hatte er bestellt. Lachend hatten sie angestoßen.

Doch dieses Lachen sollte zumindest Rainer vergehen. Für immer. Wie aber sollte er sein schon so lange gehegtes Vorhaben realisieren? Auf keinen Fall durfte es wie ein Mord aussehen. Es musste ein Unfall sein, ein tragischer Unfall, der keine Ermittlungen nach sich ziehen würde. Das Auto schied dabei für ihn als Tatwaffe allerdings von vornherein aus. Sein Fahrrad wiederum war aus anderen Gründen ungeeignet. Bis zum Mittag tüftelte Hinrich Meyer an Ideen und Plänen, zeichnete Diagramme auf einen Block, las erste und letzte Seiten mehrerer Kriminalromane. Sinnlos, er fand einfach keine Lösung. Schließlich schaltete er das Radio ein und ließ zwei Paar Wiener Würstchen in den Topf gleiten. Als er den Senf aus dem Kühlschrank holte, warf der Moderator achtlos ein Wort in seine Küche, das er als Wink des Schicksals interpretierte. Natürlich! Dass er daran nicht schon eher gedacht hatte!

In den nächsten Tagen ließ er sein Opfer nicht mehr aus den Augen. Da er Rainers Gewohnheiten ohnehin ganz gut kannte, brauchte er nur einige Details zu ermitteln. Schon am Dienstag konnte er seinen Plan in die Tat umsetzen, die damit begann, dass er gleich am frühen Morgen in der Fleischabteilung des Supermarktes unauffällig 200 Gramm Mett erwarb. Denn Rainer liebte Mettbrötchen und schlug vor allem dienstags zu, da er sein Büro an diesem Tag etwas eher schloss. Zu Hause fügte Hinrich das Mett nicht, wie zwingend erforderlich, wieder in die Kühlkette ein, sondern entfernte vorsichtig die Verpackung und legte es bei Zimmertemperatur in eine Schüssel. Um die beabsichtigte Wirkung zu steigern, hatte er bereits am Sonntag ein billiges Tiefkühlhähnchen aufgetaut und die unscheinbare Auftauflüssigkeit sorgfältig aufgefangen. Ohne einen Tropfen zu vergeuden, goss er sie nun über das frische Mett und ließ es in Ruhe reifen. Erst am Nachmittag trennte er beide Zutaten mit Hilfe eines Siebes und platzierte das behandelte Mett nun auf eine dicke Lage Küchenkrepp, das ihm überflüssige Feuchtigkeit entzog. Anschließend stellte er das immer noch ansehnliche Hackfleisch dann doch noch in den Kühlschrank. Der Farbe, der Temperatur und des Geruchs wegen.

Geduldig wartete er am Spätnachmittag vor der Fleischabteilung, das wieder sorgsam verpackte Mett in der Jackentasche. Um 17.42 Uhr erschien Rainer. In seinem Einkaufswagen waren nur ein paar Kleinigkeiten. Hinrich war hinter dem Regal mit den Gemüsekonserven in Deckung gegangen und wartete auf seinen Einsatz. Wie erhofft, gab Rainer 200 Gramm Mett in Auftrag, das ein Fleischwolf frisch für ihn vorkaute. Mit viel Zwiebeln, Pfeffer, Salz und Paprika, erzählte Rainer der Verkäuferin, würde er das Mett auf zwei Brötchenhälften verteilen. Flirtend übergab er das kleine Päckchen, eingeschlagen in eine Kunststofftüte, versehen mit einem Etikett, seinem Wagen. Hinrich folgte ihm in sicherem Abstand.

Vor der Käsetheke bot sich die passende Gelegenheit. Hinrich ließ seinen Wagen stehen und wandte sich interessiert den Joghurts zu, die nicht weit entfernt standen. Die Hand hatte er bereits in der Tasche, seine Finger spielten mit der Folie, sein Blick tastete professionell die Kunden und die Verkäufer ab. Niemand achtete auf ihn. Wie gewöhnlich. Rainer war an der Reihe und wies auf einen teuren französischen Ziegenkäse. Hinrich tat, als wolle er sich der kleinen Schlange anschließen und vorher einen Blick auf das Angebot werfen.

Während er sich nach vorne beugte, ließ er das präparierte Mett aus der Tasche in den Wagen fallen, gefolgt von seiner Hand, die blitzschnell das frische Mett angelte und in seine Tasche steckte. Dann ging er wieder in seine Ausgangsposition zurück. Niemand schien etwas gemerkt zu haben. Alle Blicke waren auf die Theke gerichtet. Während Rainer sich noch 100 Gramm Bergkäse abwiegen ließ, eilte Hinrich bereits zur Kasse. Unterwegs legte er das Mett in seinen Wagen. Schließlich war er kein Ladendieb.

Auf dem Fahrrad, an dem seine Einkaufstüte hing, lachte er, lachte laut, lachte sogar seine Nachbarin an, die die Welt nicht mehr verstand. Irene gehörte wieder ihm, der Fluch namens Rainer war von ihm genommen. Er hatte triumphiert und beschloss, dieses Ereignis mit ein paar Flaschen Bier zu feiern. Er wunderte sich, in keiner Weise angespannt zu sein, wie er es erwartet hatte. Aber warum auch? Schließlich hatte er kein Messer gezückt und keinen Schuss abgegeben. Am Abend, vor dem Fernseher, verschwand das Mett fast aus seinem Kopf, als habe er Rainer bereits vergessen. Für den dilettantischen Mörder in einem späten Krimi hatte er nur ein Kopfschütteln und ein müdes Lächeln übrig. Amateur.

Umso erstaunter war er, als ihm Rainer am nächsten Tag auf der Mühlenstraße kerngesund und mit bester Laune ausgestattet entgegenkam. Das Mädchen an seiner Seite kannte er nicht.

„Moin, Hinni, alles senkrecht?"

„Aber immer!", antwortete er mit gespieltem Selbstbewusstsein und großer Mühe, sich die Überraschung nicht anmerken zu lassen. Nach etwa hundert Metern machte er kehrt und heftete sich mit inzwischen erworbener Professionalität an seine Fersen. Zusammen mit der unbekannten Frau inspizierte Rainer einige Ferienwohnungen im Seezungenweg, lud sie zum Essen ins *Hohe Haus* ein und setzte sich dann in seinen Porsche. Erst am Abend kehrte er zurück, noch immer kerngesund und bester Laune. Unmöglich. Rainer musste einen Magen wie ein Pferd haben. Frustriert kehrte Hinrich nach Hause zurück und übergab sich seinem alten Fernsehsessel.

Als er am Freitag wie jeden Morgen das Radio einschaltete, hatte der Nachrichtensprecher des NDR eine traurige Meldung zu verkünden. Im Emder Krankenhaus war ein Rentner aus Greetsiel an den Folgen einer Salmonelleninfektion gestorben. Die Ursache der Infektion liege noch im Dunkeln. Jedoch hätte die zuständige Gesundheitsbehörde umgehend reagiert und in allen Greetsieler Betrieben, die Fisch, Fleisch oder Eier anboten oder verarbeiteten, Proben genommen. Die angeordneten Untersuchungen seien jedoch ohne Ausnahme ergebnislos verlaufen. Auch seien keine weiteren Fälle bekannt geworden. Die Behörde gehe daher vorläufig von einem Eigenverschulden des Rentners aus, der offenbar ein empfindliches Lebensmittel falsch gelagert hatte.

Hinrich schloss seinen leicht geöffneten Mund und setzte die noch unberührte Teetasse wieder auf der Untertasse ab. In Gedanken vollzog er den Austausch der Mettpackungen wieder und wieder nach. Schließlich keimte ein vager Verdacht auf. Rechts neben Rainer hatte ein alter Mann gestanden. Ein alter Mann mit einer Prinz-Heinrich-Mütze auf dem Kopf. Der Rentner. Er musste den falschen Einkaufswagen erwischt haben.

Seine Faust landete auf dem Tisch und brachte nicht nur die Teetasse zum Tanzen. Den Rentner hatte nicht er, den hatte Rainer auf dem Gewissen, denn er hatte seinen Einkaufswagen links von sich abgestellt. Ihn jedenfalls traf keine Schuld.

Was er jetzt brauchte, war ein neuer Plan. Von seinem Vorhaben zurücktreten konnte und wollte er auf keinen Fall. Im Gegenteil, den Tod des Rentners empfand er geradezu als Verpflichtung, Rainer aus dem Weg zu räumen. Ab jetzt ging es nicht mehr nur um ihn allein. Er sprang vom Tisch auf und zog die Diagramme und Notizen aus der Papiertonne. Immer wieder ging er sie durch, bis er auf eine fast vergessene Erinnerung stieß. So sportlich und durchtrainiert Rainer war, er konnte nicht schwimmen. Denn er war als kleines Kind ins Hafenbecken gefallen und erst in letzter Sekunde gerettet worden. Seitdem hatte Rainer panische Angst vor dem Wasser. Er war nicht einmal dazu zu bewegen, ein Nichtschwimmerbecken wie in der Greetsieler *Oase* zu betreten. Andererseits liebte er es, im Hafen zu flanieren und nach frischer Beute Ausschau zu halten. Hinrichs fast schon erstarrte Miene bekam wieder weiche Züge und entspannte sich schließlich zu einem befreienden Lächeln.

Über eine Woche hatte er Rainer nicht aus den Augen gelassen. Zum Glück hatte er genügend Zeit, denn seinen neuen Job musste er erst am nächsten Ersten antreten. Eine Woche, in der Rainer den Hafen gemieden hatte, als hätte er die tödliche Gefahr gerochen. Aber dann, an einem kühlen Sonntag, hatte Rainer erst zwei Pils im *Hohen Haus* getrunken und war dann in den Hafen spaziert, in dem sich die Touristen drängelten, um einen einlaufenden Kutter zu fotografieren. Rainer gesellte sich zu der Menschentraube und hatte schnell eine Blondine mit blauer Pudelmütze und langen Zöpfen ausgemacht. Als die Auserwählte, der die besondere Aufmerksamkeit nicht entgangen war, sich einem der Poller näherte, folgte ihr Rainer. Hinrich wiederum folgte ihm, tat unbeteiligt, beobachtete die Möwen, bückte sich, um seine Schnürsenkel neu zu binden. Niemand achtete auf ihn, als der Kutter sein Anlegemanöver einleitete. Hinrich hatte sich einen genauen Bewegungsablauf überlegt, der ihm einerseits einen kräftigen Tritt mit dem rechten Fuß erlaubte, andererseits eine flinke Drehung, die ihn blitzschnell aus dem unmittelbaren Gefahrenbereich brachte, also aus jenem Bereich, in dem man, sollte man nicht an einen Unfall glauben, Verdächtige identifizieren würde.

Die Blondine beugte sich vor. Rainer beugte sich vor. Sportlich. Lächelnd. Abenteuerversessen. Eine Vorlage wie aus dem Bilderbuch. Hinrich sprang auf und führte seine Choreografie aus, trat zu und drehte sich. Und schrie auf. Denn er hatte sein Ziel um Haaresbreite verfehlt, da Rainer mit der Blondine im entscheidenden Moment auf Tuchfühlung gegangen war. Nach kurzem Flug landete Hinrich hinterrücks im Hafenbecken. Das Wasser war eisig und schmeckte nach Salz und Schlick. Als er, heftig mit den Armen rudernd, wieder auftauchte, hörte er unverhohlenes Gelächter und Gekicher über sich. Ein Rettungsring tauchte klatschend neben ihm ins Wasser. Aber im Gegensatz zu Rainer konnte er ganz gut schwimmen.

Eine halbe Stunde später lag er im heißen Badewasser und dachte an die Lacher, die seinen tragischen Unfall begleitet hatten. Natürlich hatte es auch den einen oder anderen besorgten Aufschrei gegeben, doch das wog den Spott nicht auf.

Aller guten Dinge sind drei, sagte sich Hinrich am nächsten Tag und heftete sich wieder an die Fersen seiner Zielperson. Aus Fehlschlägen konnte er nur lernen. Er musste noch raffinierter, noch präziser vorgehen, noch unauffälliger agieren.

Wieder verstrich eine Woche, bevor ihm unerwartet der Zufall zu Hilfe kam. Mit einem Karton unterm Arm entstieg Rainer am Montag im Klaus-Störtebeker-Weg seinem schwarzen Porsche und steuerte auf das Haus von Reemt Habben zu. Also ging es um eine kleine Reparatur, denn der Elektriker im Ruhestand war im Dorf dafür bekannt, elektrische Geräte aller Art schnell und noch dazu für wenige Euro wieder instand setzen zu können. Rainer wiederum hatte zwar Geld wie Heu, war jedoch, wie viele Reiche, bei unbedeutenden Alltagsinvestitionen ausgesprochen sparsam. Auf der einen Seite fuhr er Porsche, auf der anderen Seite brachte er, wie Hinrich durch seinen Feldstecher beobachten konnte, seinen defekten Toaster zu Reemt. Typisch. Wahrscheinlich feilschte er auch noch um den Preis für die Reparatur. Nach wenigen Minuten fuhr seine Zielperson mit demonstrativem Röhren davon. Hinrich aber blieb. Aus einem Holunderbusch heraus verfolgte er jede Handbewegung des Elektrikers, der den Toaster fast komplett zerlegte, mit einem dicken Pinsel reinigte und dann wieder zusammensetzte. Fertig.

Stunden musste Hinrich in seinem Versteck ausharren, bevor Habben endlich einmal sein Haus verließ. In seine Werkstatt zu gelangen, war kein Problem, denn der kleine Anbau aus grün gepöntem Rauspund war nicht verschlossen, die Tür zum Garten nur durch einen einfachen Haken gesichert. Auf einer Art Werkbank stand der Toaster. Ein besseres Modell aus Edelstahl, das er sich gut in Rainers Designerküche vorstellen konnte. Mit einem passenden Schraubenzieher entfernte Hinrich den Boden und revidierte die kleine Reparatur nach seinen Vorstellungen. Dann fixierte er den Boden wieder und hinterließ die Werkstatt so, wie er sie vorgefunden hatte. Wie nach dem Umtausch der Mettpäckchen huschte ein triumphales Lächeln über sein Gesicht, als er sein Fahrrad bestieg. Auf dem Heimweg kamen ihm Wortspiele in den Sinn, die seine Laune noch weiter hoben. Na, Rainer, du bist wohl nicht ganz bei Toast? Na, Rainer, ein Quantum Toast gefällig? Er stellte sich Rainers erstarrtes, elektrisiertes Gesicht vor, für das der Toaster vollautomatisch sorgen würde, sobald man den Hebel herunterdrückte.

Fast hatte Hinrich seine Wohnung erreicht, als ihn ein Feuerwehrwagen mit Blaulicht und schrillem Martinshorn an den Straßenrand drängte. Er stieg vom Rad und schaute sich um. Über dem Dorf, östlich der Mühlen, stieg eine graue Rauchsäule in den Himmel. Seine Nachbarin, deren Mann in dem Einsatzfahrzeug saß, gab ihm widerwillig eine kurze Erklärung. „Störtebeker-Weg. Reemt Habben."

Wieder ließ sich Hinrich in seinen speckigen Fernsehsessel fallen. Das Bier trank er diesmal nicht, um sich zu feiern, sondern um die Wirklichkeit zu verlassen. Nach dem fünften Bier und einigen Schnäpsen beschloss er, sein Vorhaben aufzugeben und stattdessen in ein anderes Dorf oder gleich nach Norden oder Aurich zu ziehen. Sollte Rainer doch mit Irene glücklich werden. Er würde schon eine neue Flamme finden, und wenn es Jahre dauern sollte. Solange ihm Rainer nicht wieder in den Weg kam, war ihm das egal. Das Kapitel war für ihn mit diesem Tag erledigt. Schluss! Aus! Basta!

Der Kater am nächsten Morgen war hartnäckig und auch mit einer kalten Dusche und einem starken Kaffee nicht zu vertreiben. Mit einem Kopf, der die Größe eines Medizinballes zu haben schien, schleppte er sich zu Fuß ins Dorf, um sich Aspirin zu besorgen. Noch hatte er die Apotheke nicht erreicht, als er auf eine vertraute Rückenpartie stieß. Mühsam hob er den Kopf. Vor ihm stand Rainer, die rechte Hand erhoben, um einem brünetten Mädchen auf der anderen Straßenseite zuzuwinken. Natürlich. Was sollte er auch sonst tun?

Hinrich war im Begriff, den Kopf wieder zu senken und seinen Weg zur Apotheke fortzusetzen, als ein grauer Kleinwagen mit hoher Geschwindigkeit um die Kurve gefahren kam. In diesem Augenblick, denn Rainer hatte nur Augen für die Brünette, löste sich sein ewiger Widersacher von ihm und überquerte die Straße. Reflexartig, ohne zu überlegen, streckte Hinrich seine Arme aus, um die Katastrophe zu verhindern, erreichte aber den Fliehenden nicht mehr. Der Aufschrei des Mädchens und der dumpfe Schlag überlagerten sich. Rainer landete etwa drei Meter vor dem viel zu spät bremsenden Wagen auf der Fahrbahn, wo er regungslos liegen blieb. Aus seiner Nase und seinen Ohren sickerte Blut, das nicht lange brauchte, um seinen Kopf in eine Lache zu betten. Das Mädchen schickte einen weiteren Schrei durch das Dorf. Passanten strömten von allen Seiten zum Unfallort. Handys wurden gezückt, Mutige kümmerten sich vorsichtig um das Opfer.

Hinrich aber blieb wie betäubt stehen und rührte sich nicht von der Stelle. Alles schien sich plötzlich in großer Entfernung von ihm abzuspielen, schien nichts mit ihm zu tun zu haben. Weder registrierte er den Arzt, der Rainer untersuchte und sich dann kopfschüttelnd und mit versteinerter Miene erhob, noch die beiden Polizisten, die Fotos machten und das weinende Mädchen befragten. Auch entging ihm, wie das Mädchen, Tränen und Schock zum Trotz, mit dem Finger mehrmals auf ihn zeigte.

Die beiden Polizisten drangen erst in sein Bewusstsein, als sie sich vor ihm aufbauten und nach seinem Namen fragten, den er wie unter Drogen aufsagte. Noch länger brauchte er, um die Sätze zu verstehen, die ihm der größere der beiden Polizisten mitten ins Gesicht schleuderte.

„Herr Hinrichs? Ich nehme Sie hiermit vorläufig fest. Sie stehen unter dem dringenden Verdacht, Rainer Weber ermordet zu haben.“

Greetsiel

Landkreis Aurich

Greetsiel hat vieles und viele gesehen, seit der Ort Ende des 14. Jahrhunderts an der Leybucht entstand. Es waren die Cirksenas, die ihren Häuptlingssitz von Appingen an die Küste verlegen wollten und beschlossen, an einem deichgeschützten Priel Kirche, Hafen und Siel erbauen zu lassen. Dieser pragmatische Akt und der Umstand, dass der neu geschaffene Ort „in der Greet" oder „in den Groden", also den jüngeren eingedeichten Marschgebieten lag, haben den Namen der neuen Ortschaft bestimmt. Mit den drei intakten

An der Sielstraße, direkt am Kutterhafen, entstanden ab dem 17. Jahrhundert prachtvolle und markante Bürgerhäuser (links). Im Ort laden Schilder zu einem historischen Spaziergang ein (oben).

Sielen aus drei Jahrhunderten wird das Fischerdorf seinem Namen bis heute gerecht. Greetsiel kommt so unter den 19 Ortschaften der Krummhörn eine besondere Rolle zu – und das nicht nur, weil das Dorf erkennbar nicht auf einer Warf (also nicht auf einem Siedlungshügel) angelegt wurde.

Über dem Haupteingang der ab 1380 entstandenen Marienkirche mit ihrem frei stehenden Glockenturm prangen sowohl das Cirksenasche als auch das königlich-schwedische Wappen: Edzard II. Cirksena (1532–1599) heiratete

Bundesweit bekannt aus den Filmen des ostfriesischen Kultkomikers Otto Waalkes ist der rotgelb geringelte Leuchtturm von Pilsum.

Freizeitkapitäne und ihre Segler an der Schleuse von Leysiel.

in Stockholm Katharina von Schweden (1539–1610). Der große ostfriesische Gelehrte Ubbo Emmius erblickte 1547 in Greetsiel das Licht der Welt und wurde später Gründungsrektor der Universität Groningen. Internationale Beziehungen und Wohlstand bezeugen aber auch die ab dem 17. Jahrhundert in Sielnähe entstandenen Gebäude stolzer Bürgerfamilien. Wie die bekannten Zwillingsmühlen am Ortseingang auf die frühere Bedeutung der Landwirtschaft verweisen, belegen die prachtvollen Fassaden am malerischen Hafen zugleich die früher weit größere Bedeutung der Fischerei für die heutige Touristenhochburg der Krummhörn. Schon in den Briefen Ocko tom Brooks aus dem Jahre 1388, die den Ort erstmals urkundlich machten, ist von Schiffen aus Hamburg die Rede, die in Greetsiel im Hafen lagen und dafür Zollgebühren zu entrichten hatten.

Heute bildet Greetsiel den Heimathafen für mehr als 20 Kutter, für ein Muschelfangschiff und das Fahrgastschiff „Gretchen". Durch das Küstenschutz-Projekt an der Leybucht ist Greetsiel seit 1991 tideunabhängig und ermöglicht den Fischern einen ständigen Zugang zur Nordsee. Auch wenn der moderne Sportboothafen längst die Hauptrolle für Freizeitkapitäne spielt, ist der Hafen mit dem historischen Siel aus dem Jahre 1798 noch immer Herzstück des Dorfes. Maler wie Julian Klein von Diepold oder Emil Rizek haben Greetsiels einmalige Kulisse genauso entdeckt wie Fernseh- und Filmregisseure, die für ihre „Heimatgeschichten" oder „Tatort"-Folgen keine bessere Übersetzung der norddeutschen Stereotype finden konnten. Die jährlich stattfindende „Greetsieler Woche" in der örtlichen Grundschule ist seit mehr als 40 Jahren ein Magnet der regionalen Kunstszene.

Mit den prachtvollen Bürgerhäusern in der Sielstraße oder dem in klassizistischem Stil erbauten von Halemschen Haus in der Mühlenstraße verbreitet der Ort einen unverwechselbaren Charme und lädt als Flaniermeile zu kurzweiligen Spaziergängen. Wahrzeichen Greetsiels sind die Zwillingsmühlen. Die westliche Mühle, 1856 errichtet, dient heute als Teestube und Kunstgalerie. Die östliche Windmühle wurde 1921 nach einem Brand wieder aufgebaut und wird heute vom Müller Frank Schoof bewirtschaftet, der hier auch Mühlenführungen anbietet. Nicht nur für Touristen gehört der 1880 Einwohner zählende Sielort mit der nordöstlich anschließenden Bauernwarf Hauen und dem rotgelben („Otto"-) Leuchtturm im Nachbarort Pilsum deshalb zu Ostfriesland wie Kampen zu Sylt. Einrichtungen wie das Schwimm-, Sauna- und Therapiezentrum „Oase", das „Kinderhaus Lükko Leuchtturm", das Buddelschiff-Museum oder das Nationalpark-Haus sind nicht nur während der Saison beliebte Ziele. Das derzeit diskutierte 80-Millionen-Projekt des Ferienparks „Greetland" wird über die zukünftige Entwicklung des Ortes mitentscheiden.

Fischkutter prägen bis heute das Bild des historischen Hafens. Oft diente er als Kulisse für Film- und Fernsehproduktionen.

Die ab 1380 entstandene Marienkirche befindet sich im Ortzentrum. Der Glockenturm (re.) steht abseits des eigentlichen Kirchenbaus.

Der historische Ortskern aus ungewohnter Perspektive: Greetsiel bietet für viele die Flaniermeile der Krummhörn.

Neßmersiel

Manfred Reuter

Strandkorb 117

Die Sonne hatte das Gras auf der Deichkrone getrocknet, Toms Tränen jedoch nicht. Dabei hatte er diesen Platz für seinen Kurzurlaub mit Zuversicht, ja sogar in gewisser Euphorie ausgewählt. Er kannte ihn schon, als er noch mit seinen Eltern aus dem akustischen Stahlbad des Kölner Melatengürtels zwei, wenn nicht gar drei Mal pro Jahr hierher kam, um den aasigen, lärmbeladenen Alltag der Großstadt abzuschütteln. „Lieber in Schafscheiße sitzen, als sich im Feierabendverkehr übers Konrad-Adenauer-Ufer quälen", hatte sein Vater zu sagen gepflegt, wenn die Familie da oben am Deich stand – nicht selten inmitten einer blökenden Herde – und sie wie nach einem schweren Entzug den Horizont ins Visier nahm und gierig nach Luft schnappte. Alles, ja restlos alles, was er mit diesem Landstrich verband, löste in Tom angenehmes Empfinden aus. Ja, dachte er: dieser Platz wird mir helfen, über den Tiefschlag hinwegzukommen.

Doch auch dieser Tag schien damit zu scheitern, seinen Seelenkater zu vertreiben, der ihn gepackt hatte wie eine blutrünstige Bestie, die ihn nicht mehr loslassen wollte. Im Gegenteil: es war alles nur noch schlimmer geworden. Die ganze Nacht hatte er nicht schlafen können. Immer wieder war sein Blick zur Uhr gegangen. Wäre er doch nur wenigstens in der Lage gewesen, ein paar Seiten im neuen Beckett zu lesen; vielleicht hätte ihn das auf andere Gedanken und zum Einschlummern gebracht. Doch weit gefehlt. Schon nach zwei, drei Sätzen brach er ab. Er schaffte es einfach nicht, sich auf den Inhalt zu konzentrieren. Seine Gedanken verschwammen immer wieder, auch jetzt, da die Sonne höher stieg und zur Freude der Badegäste auch das Wasser hinten am Strand des Wattenmeers. Immer wieder kreisten seine Gedanken um den aufgeschlitzten Hals, den zerschmetterten Kopf, das Blut, das aus dem Mundwinkel rann und dann wieder um die große Erniedrigung, die ihm kurz zuvor widerfahren war und die der eigentliche Grund für seine Flucht aus der Großstadt gewesen war. Er, der smarte, der stets coole, blond gelockte Journalist mit dem Dreitagebart, braungebrannt, sportlich und bereits mit einem Nachwuchspreis geehrt. Sein Debütroman – mit gerade mal Anfang dreißig – sollte ein früher Höhepunkt werden in seiner jungen Karriere. Ein Krimi, nach einer wahren Begebenheit. Krimis lassen sich verkaufen; fast egal, was drinsteht. Hauptsache: Krimi. Dass der Verlag ihm nach vorheriger Zusage aber praktisch in letzter Sekunde den Laufpass gab, per E-Mail, zu feige zum Anrufen und ohne ein Wort des Bedauerns, hatte ihm den Boden wie einen Teppich unter den Füßen entzogen. So etwas verdaut man nicht auf die Schnelle. „Nimm eine Auszeit", hatten ihm Freunde geraten. Er nahm den Rat an, wenn auch erst nach einigem Zögern. Dass ihm dann diese markerschütternde Bluttat einen zusätzlichen Tiefschlag versetzen würde, konnte er da noch nicht ahnen. So saß er nun da, auf seiner Deichkrone, die er liebte wie kaum etwas anderes auf der Welt, und ließ den vorigen Tag Revue passieren. Den Tag, den er niemals im Leben vergessen würde.

Am späten Vormittag hatte sich Tom endlich einen Ruck gegeben. Er frühstückte ausgiebig, sprang unter die Dusche, streifte sein kurzärmeliges, weißes Hemd über, warf den blauen Kaschmirschal um den Hals und verließ die kleine, aber feine Ferienwohnung. Sie lag – als schickes Appartement ausgebaut – auf einer Doppelgarage, fast am Ende der Westerdeicher Straße, direkt vor dem alten Deich. Von der Deichkrone aus konnte man weit hinausschauen auf die bis zum Wattenmeer komfortabel ausgedehnte Marsch. Nordöstlich lag in vertrauter Beschaulichkeit der kleine Hafen von Neßmersiel, in dem gerade eine Fähre aus Baltrum anlegte und in gleichgültiger Routine an die hundert Touristen, deren Urlaub nun zu Ende war, ausspuckte.

Tom schwang sich auf sein Fahrrad und bog nach links auf die bucklige Pflasterstraße ein. Vielleicht tut es meinen Gedanken gut, wenn sie einmal tüchtig durchgerüttelt werden, dachte er. Womöglich findet die Seele bei der Gelegenheit ihr Gleichgewicht wieder. Wo der Vierweg auf den alten Deich stößt, bog er nach rechts, radelte ein paar Meter „bergauf" und dann ließ er das Fahrrad sausen. Mit dem Wind im Rücken nahm er mächtig Tempo auf und fand sich nach einer knappen Viertelstunde am Hafen wieder. Zwischen Frachtrampe und Badestrand setzte er sich auf eine der mächtigen Mauerstufen, die den Hafenkopf als elegantes Oval nach innen abrundeten und ihm die majestätische Struktur einer Stadionkurve gaben.

Zwei elegante Frauen standen auf einem der vorderen Parkplätze zwischen einem Heer aus Kleider- und Kosmetikkoffern und unterhielten sich. Offenbar handelte es sich um Gäste, die mit der Baltrum-Fähre angekommen, am Hafen aber gewissermaßen gestrandet waren. Auf die Entfernung schien es sich um eine durchaus lebhafte Unterhaltung zu handeln; Aufregung, vielleicht sogar Empörung konnte da mitschwingen, dachte Tom, der das blonde Haar in den Nacken warf und grinste. Nach ein paar Sätzen war klar, dass die Damen auf ihr Taxi warteten, allerdings vergeblich. Tom, dessen Vater bis zur Rente in der gehobenen Bekleidungsindustrie unterwegs war und sich in der Branche auskannte wie kaum ein Zweiter, sah auf den ersten Blick, dass die Damen alles andere als von der Stange waren. Die Lederjacke der schmalen, hoch aufgeschossenen und überaus attraktiven Pumpsträgerin mit den dunklen Augen war von Jil Sander und kostete garantiert mindestens 900 Euro, überlegte er. Auch deren nachtblaue, hautenge Stretchhose sowie die Seidenbluse und der Rock der älteren Dame würden den Anblick gängiger Discounter-Ware mit Sicherheit als Beleidigung auffassen und sich vor lauter Schreck von selbst auf links drehen. Außerdem: Der süße Duft sündigsten Chanels hatte sich im Hafen regelrecht explosionsartig verteilt und musste die ersten Wattwürmer wegen dieser noch nie dagewesenen Überdosis längst in die Bewusstlosigkeit getrieben haben. Komisch, überlegte Tom, normalerweise findet man diese Klientel doch eher auf Norderney oder Juist. Etwas abgehoben, etwas schickimicki, sehen und gesehen werden. Und einen Teint, ebenmäßig wie der von Schneewittchen. Ja, man konnte fast meinen, dass es an diesem Morgen am Kai von Neßmersiel nicht nur nach Chanel, sondern sogar nach etwas ganz anderem roch: nach reinstem Botox.

„Sagen Sie mal, junger Mann", kam die ältere Dame nun auf Tom zu. „Wissen Sie, wo wir ein Taxi herbekommen? Mein Sohn hat es nicht geschafft, uns hier abzuholen. Dringende Geschäfte. Das muss man ja verstehen. Die gehen nun mal vor", zwitscherte sie. „Von nix kommt nix, nicht wahr, Schwiegertöchterchen?", ergänzte sie in einem Atemzug mit dem Blick in Richtung Lederjacken-Schönheit.

Tom legte die Stirn in Falten. Er schien für einen Moment irritiert, hob dann seinerseits an: „Aber wie kann ich Ihnen helfen? Wenn ich Sie richtig verstehe, soll ich Ihnen ein Taxi rufen."

„Also nochmal, junger Mann", raunzte die Dame und hob das Kinn dermaßen entschlossen, dass ihre klunkergespickten Ohrgehänge in der ostfriesischen Mittagssonne nur so funkelten. „Wir sind aus Düsseldorf. Wir müssen um 12.36 Uhr in Emden den IC kriegen."

Tom war erstaunt. Wieso sollte er eigentlich dafür verantwortlich sein, ob die Damen ein Taxi bekamen oder nicht? Sah er etwa aus wie ein Einheimischer, ein Hafenmitarbeiter?

„Ich mache mich gerne schlau für Sie, wir können da vorne den Parkplatzwächter fragen“, sagte er und war froh, dass er die Contenance behielt. Tom zeigte auf einen älteren Herrn, der gerade in dienstlicher Übermotivation einem Opel mit Auricher Kennzeichen ein Knöllchen verpasste. Tom schüttelte verständnislos den Kopf, drehte sich dann fragend um und traf den Blick der schmalen Frau mit der sündhaft teuren Lederjacke und den kunstvoll hochgesteckten, blonden Haaren. Dieser Blick, dieser Augenaufschlag, dieses Funkeln: er wurde es fortan nicht mehr los. Es war ein Blick wie ein Geschoss, das ihn eigentlich bereits vor einigen Minuten getroffen hatte, mitten ins Herz. Und bei näherem Hinschauen wurde Tom schnell klar: Diese Gestrandete war nicht nur superhübsch, sondern auch verdammt sympathisch. Und noch etwas: sie schien auch ihn ganz nett zu finden; sehr nett sogar.

Dass sich Tom und die Kleine mit der Lederjacke schon am späten Nachmittag auf der Bank neben der Bude der Badeaufsicht wiedersahen, wertete er als Wink des Schicksals, wie er segensreicher kaum hätte sein können. Dabei hatte er den beiden Frauen vor wenigen Stunden noch rasch ein Taxi besorgt und sich bei ihnen in aller Form verabschiedet. Dass er dieses eine, in seinen Augen einzigartige Wunderwerk der Natur noch einmal wiedersehen würde, hatte er nicht zu hoffen gewagt. Kein Wunder, dass ihm von jetzt auf gleich das Blut in den Kopf schoss und er zunächst zu keiner Reaktion fähig war.

„Ich heiße Hannah“, sagte die junge Frau. Sie war barfuß, ungeschminkt, roch nach Sonnenschutz und trug schulterlanges, blondes Haar. Wie selbstverständlich setzte sie sich neben Tom, der einige Sekunden brauchte, um seine Ganzkörperstarre abzulegen und um festzustellen, dass er diese Frau tatsächlich kannte. „Ich habe mich entschlossen, noch ein paar Tage zu bleiben. Meine Schwiegermama ist schon nach Hause. Ich habe noch Zeit; und außerdem: Zu Hause wartet ohnehin niemand auf mich. Ich habe im Hotel da drüben ein schönes Zimmer bekommen", flüsterte Hannah und zeigte mit dem Finger Richtung Ortsmitte, wo sich das Fährhaus unweit der Drachenwiese gleich hinter dem alten Deich erhob.

„Warum sagst du nichts?", fragte Hannah lachend und schubste Tom freundschaftlich mit der Hand am Oberarm, als würden sie sich schon seit Jahren kennen.

„Ich freue mich, dich wiederzusehen. So schnell. Und dass du du sagst. Das ist sehr schön", stammelte Tom mehr als er sprach. „Aber sag mal: warum um alles in der Welt bleibst du hier? In diesem Kaff? Anderswo ist mehr los. Und vor allem: Was sagt dein Mann dazu?"

„Das ist es ja. Hier gefällt es mir. Im Übrigen könnte ich dich das Gleiche fragen. Was machst du hier, ausgerechnet hier? Und was sagt deine Frau dazu?" Hannah sprang auf, fuhr sich durchs seidige Haar, das am Vormittag noch so elegant hochgesteckt war, und lachte. Tom fand es einfach nur herzerfrischend, während er sich selbst dabei ertappte, die Augen nicht mehr von Hannah lösen zu können.

„Hast du dieses Picknick etwa geplant?", fragte er, als Hannah den Weidenkoffer öffnete, zwei Weingläser auf die Bank zwischen sich und ihn stellte und den Chablis einschenkte.

Er sei sicher, das Ganze nur zu träumen, sagte sich Tom einige Minuten später, als Hannah und er sich in den Armen lagen, küssten und immer wieder am Weinglas nippten – überschwänglich jung, verschwenderisch ausgelassen, ja schon fast unverschämt glücklich. Da störte sie auch nicht der Landstreicher, ein vom Leben gezeichneter Mann, vielleicht Mitte fünfzig, unrasiert, schwarze Zahnstummel, radebrechend und mit dem eindeutigen Odeur einer urinbefleckten Latzhose. Natürlich gab Tom dem Mann die Zigarette, die er mehr gefordert als erbeten hatte, dazu noch einen Fünf-Euro-Schein, allein um Ruhe zu haben, wieder frei atmen zu können und die Gedanken weiter nur dem einen und einzigen Stern neben ihm zu widmen: Hannah.

„Ich bleibe hier, ich halte die Stellung“, sagte Hannah nach einer Weile, als der Chablis geleert war und Tom sich aufs Fahrrad setzte, um Richtung Feriendomizil aufzubrechen. „Da habe ich noch einen Rotwein; der wird dir munden“, sagte Tom. „Einen sagenhaften Sauvignon aus Südafrika. Wird nur ein paar Minuten dauern. Es geht nicht anders. Das ist die Provinz, wie ich sie liebe. Der Nordseemarkt hat die Schotten längst dicht.“

„Beeil dich, Süßer“, rief Hannah, als Tom losfuhr. Dann sprang sie noch mal schnell von der Bank auf, lief ihm mit wild wallendem Haar ein paar Schritte hinterher und küsste ihn kindlich kichernd auf die Wange, dass er fast gestrauchelt wäre.

Tom lächelte ob der Spontaneität Hannahs immer noch, als er mit quietschenden Bremsen auf den Hof seiner Ferienwohnung einfuhr. Über die alte Deichkrone trampelten währenddessen in vertrauter Gleichgültigkeit zwei Kühe, die sich gerade beide plätschernd wie platschend erleichterten. Tom erinnerte sich daran, wie es war, als er als Kind dieses Schauspiel zum ersten Mal registriert hatte und aus dem Staunen nicht mehr herausgekommen war. Er hatte sich seinerzeit nicht einmal getraut, davon seinen Kumpels daheim zu erzählen, so unwirklich fand er dieses Ereignis.

„Ich habe nur eben nach dem Rechten gesehen“, hauchte Insa, die Gastgeberin mit den ausladenden Hüften, als sie Toms Ferienwohnung just in dem Moment verließ, als er sie betreten wollte. Dem war es nicht entgangen, dass Insas Interesse für ihn ungebrochen war, ihre Röcke von Tag zu Tag kürzer wurden und ihr Augenaufschlag eindeutiger. Und während sie sich auf der Außentreppe nach ein paar herabgefallenen Geranienblüten bückte, fuhr Keno auf den Hof, ihr Mann, offenbar fertig mit der Schicht und mit dem Tag. Wie jeden Abend grüßte er mit auffallend heller Stimme ebenso müde wie süß-sauer: „Moin, moin." Dabei schnaufte er stets angestrengt und atmete unrhythmisch durch den offenen Mund, wenn er den Hof überquerte und im Haus verschwand. „Armes Schwein", murmelte Tom leise vor sich hin und stieg die steile Treppe hinauf in die Ferienwohnung. Das Fläschchen „Kleiner Feigling", das die Vermieterin auf dem Kopfkissen des Schlafgemachs in eindeutiger Absicht zurückgelassen hatte, übersah er geflissentlich, stattdessen griff er nach dem guten Tropfen aus Südafrika und machte sich auf den Weg zurück zum Strand.

Tom ließ den Bohlensteg rechts liegen und schob sein Fahrrad durch den Sand, vorbei an den Burgen und versiegten Wasserkratern, die die Urlauberkinder am Nachmittag nach getaner Tat glücklich wie erschöpft verlassen hatten. Am Horizont traf sein Blick Norderney, dessen Leuchtturm in der bis zur Unwirklichkeit faszinierenden Abendsonne lag und der bereits in Kürze sein Feuer in gleichmäßigen Intervallen zucken lassen würde. Von weitem sah Tom, dass Hannah eine Decke ausgebreitet hatte, direkt hinter dem Strandkorb mit der Nummer 117. Er schlich sich von hinten heran, sah die nackten Füße und Hannahs Beine. Vielleicht war sie eingeschlafen oder sie tat nur so, um von ihm zärtlich oder gar ein wenig frivol geweckt zu werden, überlegte Tom und lächelte. Hannah lag im 90-Grad-Winkel vor ihm, als er die Weinflasche in den Sand sinken ließ, in die Hocke ging, sie an den Füßen kitzelte und die Waden streichelte, die Kniekehlen kribbelte und er keine Reaktion erhielt, weshalb er sich auf den Knien aufrichtete, um die Ecke schaute, ihm der Atem stockte, sein Herz ins Rasen geriet, ihm in nie gekannter Art und Weise übel wurde und er sich mit letzter Kraft am Strandkorb aufrichtete. Tom war von der einen auf die andere Sekunde schweißgebadet, er zitterte am ganzen Leib, seine Augen starrten ins Leere. Hannahs Kopf war von Wunden übersät, mit stumpfer Gewalt geschunden, ein Auge quoll aus der Höhle heraus, aus dem Mund troff Blut. Der Kopf lag weit nach hinten abgeklappt im Sand, die Kehle war aufgeschnitten. Blutgetränkter Sand. Das jähe Ende einer unfassbaren Liaison.

Es dauerte eine geschlagene Stunde, bis das Team der Kriminalpolizei Aurich am Tatort eintraf. Bis dahin hatte Hauptwachtmeister Ingolf Benser aus dem benachbarten Dornumersiel sich um den Fundort, um die Leiche und um Tom gekümmert.

„Ich Idiot, wie konnte ich sie hier mit dem Penner alleine lassen?", warf er sich vor und schlug sich immer wieder mit der flachen Hand gegen die Stirn. Selbstverständlich hatte der Interims-Fahnder daraufhin alle Hebel in Bewegung gesetzt und den Landstreicher – längst volltrunken – vor dem Gebäude der Parkplatzverwaltung ausfindig gemacht und festgenommen. Dass Benser bei der Festnahme auch noch ein langes blondes Haar an der schäbigen Jacke des Mannes fand, ließ nur den einen Schluss zu: „Der Fall ist gelöst, er ist der Mörder der schönen Reichen, meinem beruflichen Aufstieg steht nun nichts mehr im Wege."

Der infernalische Schrei einer ebenso vorwurfsvoll wie dümmlich-arrogant dreinblickenden Silbermöwe weckte Tom aus seinen Erinnerungen des vorigen Tages auf. Eine Rückschau, die ihn ohne Ergebnis zurückließ; zu frisch war das Erlebte. Wenn er Hannah auch nur erst wenige Stunden gekannt hatte: Allein den Anblick ihrer Leiche würde er niemals vergessen können. Was war da schon ein gescheitertes Buchprojekt? Ein Dreck war es gegen das, was seine Gedanken nun pausenlos in Beschlag nahm. Würde der Landstreicher, der sich längst zur Vernehmung in einem der Diensträume der Kripo in Aurich befand, seine gerechte Strafe erhalten? Gab es überhaupt Gerechtigkeit? Wenn ja, dann müsste Hannah längst im Himmel sein mit ihrem Geheimnis; denn sie war zumindest derzeit die Einzige, die ihren Mörder wirklich kannte, überlegte Tom.

Als die Silbermöwe ein zweites Mal schrie, ja schon beinahe jaulte, hörte Tom gleich hinter sich im Gras diffuses Rascheln und ein Schnaufen, bevor er auf dem Hinterkopf einen monsterhaften Schlag verspürte. „Moin, moin, kleiner Feigling!" Er nahm die schrille Stimme Kenos wahr und sah die milchigen Umrisse des Mannes, der nun wie ein Gnom wirkte und einen gigantischen Spaten schwang. Unfähig zu reagieren, überfiel Tom die schnöde Endlichkeit irdischen Seins, welche ihn sicher und sanft dorthin überführte, wo man der Seelen Ewigkeit vermutet.

– Epilog –

Was ich von dort aus sah, das war die ganze Welt im großen Überblick. Die Lupe der Allmächtigkeit. Leute, ich sage euch: Google Earth ist ein Dreck dagegen! Doch in der Tat. Das, was ich sah, das ließ mich bass erstaunen: In Aurich drehte die Soko den Tippelbruder nach wie vor durch die Mangel und schob ihm, obwohl jeder Beweis für die Tat fehlte, schwedische Gardinen vor. Selbst, als sich herausstellte, dass das blonde Haar, welches man an seiner Jacke gefunden hatte, nicht von Hannah stammte, blieb der Mann in Haft. Für den Rest seines Lebens. Dass er zum Tatzeitpunkt im Schutze des Parkwärtercontainers seinen Rausch ausgeschlafen hatte, konnte er nicht beweisen.

Und während Insa weinend auf meiner Bettkante saß und den kleinen Feigling in sich hineinschüttete, statt von mir vernascht zu werden, wischte Keno den blutbesudelten Spaten ab, stellte ihn zurück in den Schuppen und nahm die nächste Reservierung vor: „Moin, moin, junger Mann. Was kann ich für Sie tun? Wir haben da eine kleine, aber sehr feine Ferienwohnung für Sie – und natürlich einen 1a-Service."

Und Hannah? Oh, oh. Wer hätte das gedacht? Die böse Schwiegermutter. Nachdem sie damit gescheitert war, Hannah zur Heimfahrt zu bewegen, buchte sie eine Ferienwohnung im Amselweg. Während Hannah sie daheim in Düsseldorf im Bridgeclub wähnte, beobachtete die gnädige Frau Schwiegermama Hannah und mich mit ihrem Opernglas zwischen zwei zusammengeschobenen Strandkörben hindurch beim Turteln. Die Brutalität, mit der sie vorging, hatte selbst Petrus erstaunt, wie er mir freimütig erklärte. „Tut mir leid, Mädchen", soll sie dann noch gesagt haben, während sie ihr Collier mit den 51 scheinbar rotzfrech schimmernden Brillanten richtete und Hannah schon nicht mehr atmete. „Eigentlich hätte ich dafür jemanden engagieren können. Aber manchmal muss man selbst ran. Nie übermütig sein. Gestern habe ich noch gesagt: Man darf sich den Reichtum nie anmerken lassen. Von nichts kommt nichts. Merk dir das!"

Neßmersiel
Landkreis Aurich

Von 1885 bis 1977 gehörte der Ort Neßmersiel zum Altkreis Norden. Seit dem 31. Oktober 2001 ist er ein Ortsteil der Gemeinde Dornum. Fünf Kilometer nordwestlich von Dornum gelegen, erscheint das Dorf unmittelbar hinter den Deich geduckt und bietet rund 420 Einheimischen ein Zuhause.

Der ursprüngliche Hafen von Neßmersiel entstand um 1570 und sollte der Verschiffung von Getreide und Raps nach Bremen, Hamburg, Holland oder Norwegen dienen. Weil das Hafenbecken durch die Eindeichung immer wei-

Mehrmals täglich verkehren die Fährschiffe der Baltrum-Linie zwischen der Insel und Neßmersiel (links).
Der denkmalgeschützte Gulfhof Heykena aus dem Jahr 1842 (oben).

ter verschlammte, musste die Anlage gegen 1700 aufgegeben werden. Ein zweiter Hafen wurde näher zur See verlegt, aber auch dieser war 1930 nicht mehr befahrbar. Der heutige Fährhafen wurde erst 1969/70 angelegt und dient im Wesentlichen dem Personen- und Güterverkehr auf die Insel Baltrum. Die kürzere Fahrzeit von nur noch einer halben Stunde führte dazu, dass der Baltrum-Fährverkehr über Norddeich im Jahre 1986 eingestellt wurde. Ein Pendel-Bus der Reederei Baltrum-Linie bringt die in Norden ankommenden

Weit ins flache Hinterland verlaufen der Sielzug und die Kanäle der Umgebung.

Mit dem Nachbau eines ostasiatischen Flutschutzbunkers machten Künstlerinnen 2008 auf die Gefahren eines steigenden Meeresspiegels aufmerksam.

Gäste seit dieser Zeit direkt vom Bahnhof zum Fähranleger. Mit sechseinhalb Quadratkilometern ist Baltrum die kleinste der Ostfriesischen Inseln und wird liebevoll auch das „Dornröschen der Nordsee“ genannt.

2006 wurde in Neßmersiel außerdem eine Paddel-und-Pedal-Station zur Erkundung der Kanäle und der Umgebung angesiedelt. Und mit dem Indoor-Spielpark „Sturmfrei“ eröffnete ein Jahr später das größte Freizeit-, Veranstaltungs- und Wellness-Zentrum an der deutschen Nordseeküste – wohlgemerkt im kleinsten Badeort an der ostfriesischen Nordseeküste.

Neßmersiel hat sich in den letzten Jahren auf vierbeinige Urlaubsgäste spezialisiert. Neben vielen hundefreundlichen Ferienwohnungen und Ferienhäusern gibt es hier einen kleinen Hundestrand mit angrenzendem Fun-Agility-Park und einer Freilaufzone. Neßmersiel ist aber auch Ausgangspunkt für ausgedehnte Wattwanderungen. Eine weitere Besonderheit: von keinem anderen Ort an der ostfriesischen Nordseeküste werden so viele Wattausflüge unternommen. Zur Entdeckung des Weltnaturerbes Wattenmeer trägt im „Wattwanderer-Mekka" außerdem ein Salzwiesen-Erlebnispfad östlich des Hafens bei.

Als Sehenswürdigkeiten des Sielortes sind des Weiteren die Heimatstube mit Kapitänszimmer und historischem Kaufmannsladen und der denkmalgeschützte Heykena-Hof von 1842 zu nennen. Letzterer ist von der Dorfstraße aus gut zu erkennen, kann aber leider nicht besichtigt werden.

Auch Künstler haben die Sielorte inzwischen für ihre Projekte entdeckt. So errichteten im Sommer 2008 drei Projektstudentinnen des Dornumer Kunststipendiums „Tiedkunst" einen sogenannten „Stelzenbunker" in Hafennähe. Der Nachbau aus Bambusrohren nahm sich einen Flutschutzbunker aus Bangladesch zum Vorbild und überragte die Deichspitze des Ortes. Auf ästhetisch-künstlerische Weise wollten die aus Hannover und Wilhelmshaven stammenden Künstlerinnen Beate Eisfeld, Imke Rathert und Gaby Taplick damit auf die Gefahren eines steigenden Meeresspiegels hinweisen. Ein Jahr später machte die aus Funnix stammende Künstlerin Monika Kühling mit einer Sonnenscheiben-Installation „Versagte Heimkehr" im Watt vor Dornumersiel auf das Schicksal des am 23. Dezember 1866 auf tragische Weise ertrunkenen Baltrumer Seefahrtschülers Tjark Ulrich Honke Evers aufmerksam.

Das Hafenbetriebsgebäude zeigt schon in seiner Architektur deutliche Bezüge zur maritimen Welt.

Herrliche Aussicht: sommerliche Abendstimmung am Sportboot-Steg von Neßmersiel.

Neßmersiel und sein vorgelagerter neuer Fährhafen aus der Möwenperspektive; unten im Bild: Indoor-Spielpark und Veranstaltungszentrum „Sturmfrei".

Dornumersiel

Lübbert R. Haneborger

Januskopf

Lönnrot stand am Kai und blickte in das unaufhörliche Anrollen der Nordseewellen. Es würde sein letzter Tag sein, hier in dem Sielort. Das begriff er jetzt. Noch immer – oder vielleicht schon wieder von Neuem – fuhren die vielen Wagen aus allen Teilen des Landes zwischen Schöpfwerk und Hafen Parade. Ein merklicher Hauch von Herbst lag in der frischen Brise. Aber Erholung- und Unterhaltungsuchende scharten sich wie in all den letzten Wochen um den Fisch-Imbiss, bevölkerten die Minigolf-Anlage und den nahen Strand. Als er seinen Kopf wandte und zum Schöpfwerk blickte, fragte er sich verwundert, warum ihm dieser Einfall nicht viel früher gekommen war.

Was all diese Urlauber und Sonntagsausflügler irritierte, ja vielleicht sogar belustigte, sprang ihm erst jetzt so recht ins Bewusstsein: Denn Dornumersiel und Westeraccumersiel bildeten in Wirklichkeit doch nur die beiden Hälften eines Gesichts. Dachte man sich die am Land postierten Signaltonnen und die Ortsschilder weg, so begann die Grenze zwischen beiden Ortsteilen buchstäblich zu schwimmen – war sie nur mehr Wasser. Im kleinen Ausstellungshaus an der Kapitänstraße beschrieb man diesen Wesenszug seit Jahren und verband beide Hälften sinnreich unter dem Namen „Zwei-Siele-Museum“. „Merkwürdig“, dachte Erik Lönnrot, „und nun fügt das Meer die letzte Erklärung hinzu.“ So, als wollte es diesen kantigen, vom Mahlbusen tief vernarbten Küstenkopf erneut spalten.

Daran, wie es sich angefühlt hatte, als er an die Küste gekommen war, konnte er sich nicht mehr erinnern. Es kam vor, dass er von ehemaligen Kollegen zu Rate gezogen wurde oder dass sie ihm aussichtslose Fälle andienten. Nun, da seine geliebte Frau begraben lag und die heranwachsenden Enkelkinder immer seltener beim Großvater „vorbeischauten", war er froh um jede Aufgabe. Umso mehr, wenn er dem Verbrechen Einhalt gebieten konnte und umso lieber, wenn die Kollegen in der Provinz mit ihrem neumodischen Ermittlungs-Latein im Abseits standen. Diesmal schon zwei Wochen nach Auffinden der Leiche – männlich, 52 Jahre, groß gewachsen, ergraut, untrainiert, 89 Kilo, seit sechs Monaten hier ansässig, ein Zugezogener, und so weiter. Und nun lag dieser Unglückselige plötzlich erwürgt in einem Ferienhaus, das viele Dutzende vor ihm bewohnt hatten.

„Der perfekte Mord", hatte Dettmers aus Wittmund lakonisch gemeldet, nachdem das Telefon im Osnabrücker Land geklingelt hatte und einmal mehr sein altmodischer Spürsinn gefragt war. Leicht hätte Lönnrot, den viele für wortkarg und eigenbrötlerisch, ja schlimmer noch für bärbeißig hielten, eine Karriere in der Großstadt machen können. Damals, als längst noch nicht von Profilern oder DNA, geschweige von Spuren im Nanogramm-Bereich die Rede war. Damals, als er mit Dettmers und anderen auf der Bank der Polizeischule geschwitzt hatte. Später hatte es beängstigende Ausmaße angenommen mit seiner kriminalistischen Leidenschaft. Zum Leidwesen seiner Frau hatte er seine Ermittlungsarbeit nicht einmal abends an der Garderobe ablegen können.

Lönnrot war einer jener Kommissare, die Kopien ihrer ungelösten Fälle mit in die Rente nahmen und denen beim Gedanken an die präzise Methodik heutiger Polizeiarbeit regelmäßig schlecht wurde. Weil sie etwas verdeckte, was es praktisch kaum noch gab. Etwas, was man früher den sechsten Sinn genannt hatte. Etwas wie den untrüglichen Instinkt und zugleich die Lust am Spiel, am Zweikampf mit einem unsichtbaren Gegner. Der beleibte Ermittler war in dieser Hinsicht immer ein Romantiker geblieben, und das war gut so. Auch das Stadtleben bedeutete ihm nur Unruhe, weshalb er sich schon früh ländlich eingerichtet hatte. Seine seltenen Ausflüge an die Nordseeküste freuten ihn deshalb umso mehr, als er hier nicht nur auf eine häufig noch dörflich geprägte Landschaft, sondern auch auf einen ursprünglichen Menschenschlag traf. Auf Menschen, die bodenständig Wind und Wetter trotzten und die unter einer rauen Schale oft noch etwas verbargen, das man als Zufriedenheit und Realitätssinn beschreiben konnte.

Nun brauchte der gute alte Dettmers, der selbst nur wenige Monate vor seiner Pensionierung stand, wohl seine Absolution, um den Fall ruhigen Gewissens zu den Akten legen zu können. Von Dettmers jedenfalls konnte man nicht erwarten, dass ihm diese Geschichte in Zukunft noch großes Kopfzerbrechen bereiten würde. Deshalb war Lönnrot an die Küste gekommen und hatte schließlich – gleich hinter der Tourist-Info im „Reethaus am Meer" – ein Ferienhaus gemietet. Eben jenes Häuschen, das zuvor das Mordopfer, Bernhard Sabatier, bewohnt hatte.

„Sabatier?", hatte Lönnrot seine Wittmunder Kollegen verwundert gefragt. „Etwa hugenottischer Abstammung?"

„Nicht dass ich wüsste", hatte Dettmers gemeint und angemerkt, dass dieses Wissen ja auch nicht viel ändere. „Oder, Erik?"

Der Name aber hatte zu Lönnrot gesprochen, und wie er sich so unter die Einheimischen und die wechselnden Ferienhaus-Bewohner mischte, begegneten ihm viele neue Familiennamen, aber keineswegs ein so ungewöhnlicher wie Sabatier.

Die Lebensgeschichte des Erdrosselten hatte nach Aktenlage dagegen kaum etwas Ausgefallenes und Unzeitgemäßes. Sabatier, so die Kollegen, habe jahrelang bescheiden als Beamter einer rheinischen Metropole gearbeitet. Genauer gesagt, als ein Standesbeamter mit einer verhältnismäßig kleinen Scheidungsrate. Auch seine Ehe mit einer bald zwanzig Jahre jüngeren Frau sei vorbildlich gewesen, bis zu dem Tag, als er unverhofft ihr außereheliches Verhältnis entdeckt habe. Nach der kräftezehrenden Trennung habe er noch ein halbes Jahr im Amt weitergemacht, dann sei er kollabiert. Nach der anschließenden Kur war er, der Musterbürger, aus dem gutbürgerlichen Leben ausgestiegen – und offenbar hier an der Küste gelandet.

„Warum ausgerechnet hier?", wunderte sich Lönnrot. „Dann hätte er genauso gut auf Juist oder Spiekeroog stranden können. Oder er wäre ins Ausland geflüchtet."

„Jedenfalls hat er nur von seinen Ersparnissen gelebt, denn es gab laut seiner Bank keine nennenswerten Kontobewegungen. Nur Daueraufträge, die nicht eingestellt wurden. Belege haben wir in dem Ferienhaus sowieso nicht gefunden", entgegnete der Dienststellenleiter. Sabatier habe alle Brücken hinter sich abgebrochen und sei untergetaucht.

„Wie seine Bochumer Angehörigen bezeugen, soll er gesagt haben, er brauche Zeit zum Nachdenken und zum Wundenlecken, Erik! Seit einem halben Jahr schon hat er nichts mehr von sich hören lassen – es lief schon eine Vermisstenanzeige und die Zeitungen im Ruhrpott hatten sein Foto auch schon abgedruckt. Man hat also gar nicht gewusst, dass er hier bei uns an der Küste lebte", ergänzte Dettmers seine Erkenntnisse.

Da Sabatier ohne Geschwister aufgewachsen war und seine Eltern nicht mehr lebten, war ein entfernter Verwandter nach Ostfriesland gekommen, obwohl er Sabatier zuletzt vor vielleicht anderthalb Jahren bei einem Familienfest gesehen hatte. „Jedenfalls hat er das Opfer ordnungsgemäß identifiziert."

„Ordnungsgemäß! Wenn ich das schon wieder höre", grummelte Lönnrot. „Aber genug – auch in dem Ferienhaus habt ihr weder Indizien für eine eigentümliche Lebensweise des Toten noch Spuren des geheimnisvollen Würgers gefunden?"

„So ist es", bestätigte Dettmers, „und gründlich wie wir sind, konnten wir sogar Drogenkonsum und Beziehungen zum Rotlicht-Milieu ausschließen", lächelte der Beamte süffisant. Der Mann hatte sich zurückgezogen, besser wäre er wohl in einem Kloster aufgehoben gewesen.

„Vielleicht hat ihn ja nur eine nervige Urlauberfamilie zur Weißglut gebracht", überlegte ein Naseweis von einem Kommissarsanwärter, der gleich neben Dettmers hinter dem Besuchertresen stand. „Und als der Familienvater eines Abends vor der Tür des Mordopfers stand, um nach zahlreichen Zänkereien zwischen den Nachbarn mal Klartext zu reden, ist es dann passiert."

„Firlefanz", brummte Lönnrot grimmig. „Die Handschuhe und all die Vorsichtsmaßnahmen, um keine Spuren zu hinterlassen, sprechen doch deutlich gegen eine Affekthandlung!" Der Naseweis erblasste.

„Pfeife", dachte Lönnrot. Was ihn aber dennoch beschäftigte, war eine Küstenzeitung, die die Kontrahenten wohl beim Todeskampf in dem kleinen Wohnzimmer zerfetzt und um sich geworfen hatten. Die Kollegen hatten ihm gerade das Gerippe der Gazette in einer Plastiktüte vorgeführt und er würde zu der Zeitungsredaktion fahren und sich ein Exemplar besagter Ausgabe besorgen.

Jeden der kommenden Abende hatte Lönnrot das Blatt ohne Ergebnis durchgeblättert. Weder die große Politik, die Börsennachrichten noch die Lokalpolitik und die alltäglichen Meldungen brachten ihn auf eine Idee. Wie mochte Sabatier also seine Tage verbracht haben in all den Monaten hier in Dornumersiel? War er in eine der ostfriesischen Städte gefahren, hatte er irgendwo Unterhaltung und Vergnügung gefunden oder vegetierte er in dumpfer Niedergeschlagenheit vor sich hin? Wer mochte es wissen, wenn nicht die Sielbewohner selbst.

Es wuchs sich in den nächsten Wochen zu einer Heidenarbeit aus, entlang der Störtebeker- und der Kapitänstraße, am Hafen und andernorts eine ungefähre Ahnung von Sabatiers Lebenswandel zu gewinnen. Insbesondere weil die Ermittlungsarbeit beiläufig vonstatten gehen sollte – und Lönnrot schon nach drei Tagen die beflissenen Mütter mit ihren verzogenen Gören, die Weltnaturerbe-Spotter, die Frutti-di-Mare-Gourmets und die selbst ernannten Friesland-Fahrer gehörig satt hatte.

Dass er in einem Häuschen lebte, in dem ein Mord geschehen war, wusste natürlich jeder, zumindest jeder Einheimische. Die hin und wieder auftauchenden Spekulationen der Presse boten dem gemächlichen Spürhund deshalb in der ersten Zeit willkommene Anknüpfungspunkte. Doch war die für den Tourismus schädliche Aufregung bald verflogen. Dreimal wollte Lönnrot schon der Mut verlassen. Wen hatte er nicht alles gesprochen, was hatte er nicht alles überprüft und unternommen! Und was nützte es schon, zu wissen, dass dieser Mensch nicht nur zu unregelmäßiger Uhrzeit seine zwei, drei Brötchen („ein Sesam und ein, zwei Kernige Friesen") kaufte und in letzter Zeit offenbar auch am ostfriesischen Schwarzbrot Gefallen gefunden hatte? Kaum jemand wusste etwas Bedeutsames über den stillen Mitbewohner und Aussteiger zu berichten. Was wusste man am Ende denn schon über seine Mitmenschen?

Wenn man alles abzog, was Dettmers und seine Leute zutage gefördert hatten, erschien Sabatier immer mehr als ein Jedermann. Einen Jedermann aber gab es nicht. Und so glaubte Lönnrot schließlich, einem Phantom nachzujagen. Gab es diesen Sabatier überhaupt?

Licht kam endlich da in die Sache, wo der Spürhund schon längst keines mehr erwartet hatte. Eigentlich hatte er nur ein Geschenk, ein Mitbringsel gesucht für den nahenden Geburtstag seiner Schwester, der ihm eine willkommene Auszeit von seinen quälenden Grübeleien bieten würde.

„Also, wenn Sie mich so fragen: aufgefallen ist er mir nur durch seinen durchdringenden Blick, irgendwie unheimlich", erzählte freimütig die Stundenkraft in einem kleinen Souvenirladen an der Störtebekerstraße. Lönnrot hatte das eher anonyme Touristengeschäft bislang nicht auf seiner Liste gehabt.

„Einmal war er hier im Laden und ich werde den Blick nie vergessen. Als ich dann sein Foto in der Zeitung gesehen habe, dachte ich trotzdem: wie entsetzlich", flüsterte die Mittfünfzigerin, um ein eintretendes Pärchen nicht zu verschrecken.

„Hat er etwas gekauft?", fragte Lönnrot.

„Ja. Postkarten, da bin ich mir ganz sicher", sagte die Teilzeitkraft, die sicher wenig Lust hatte, mit jedem Kunden so ins Plaudern zu geraten. Aber der grauhaarige Lönnrot zeigte sich von seiner schmeichlerischen Seite.

„Wohin er sie geschickt hat, meine Liebe, wissen Sie nicht zufällig? Es wäre sehr wichtig. Sehen Sie, ich bin ein Verwandter. Und die Polizei, na, Sie wissen schon, ist völlig überfordert!", hauchte er komplizenhaft.

„Warten Sie mal, er hat auch Briefmarken gekauft – ich hatte zufällig welche da – und die Karten gleich hier ausgefüllt. Alle drei ins Rheinland, meine ich."

Was Lönnrot außerdem erfuhr: „Er schlurfte jeden Nachmittag hier am Laden vorbei, Richtung Westerbur." Bemerkenswerter noch: er sei oft vor Ladenschluss nicht zurückgekommen. Was also hatte Sabatier am Ortsrand von Westeraccumersiel gesucht und wo genau hatte er sich aufgehalten? Oder war der Bürokrat plötzlich zum Frischluftfanatiker geworden? Das herauszufinden, kostete Lönnrot erneut viel Mühe, aber bald glaubte er sich sicher, Sabatier habe eine ortsbekannte Dame besucht. Eine junge Witwe nämlich, die in der Nähe der Westerburer Windmühle lebte und deren Name durch ihren lockeren Lebenswandel und die Vielzahl ihrer Männerbekanntschaften in aller Munde war. Zweimal hatte Lönnrot sie nicht angetroffen. Als er aber mit seinem Klapprad zum dritten Mal den Weg zur Windmühle einschlagen wollte, raste eine schwarze Limousine hinter ihm her. Lönnrot hatte keinen Zweifel, dass der Fahrer es auf ihn abgesehen hatte. Der Unbekannte bremste und ließ den Motor aufheulen, wie es ihm beliebte. Und als er kurz vor der Mühle das Gaspedal hart durchtrat, konnte sich Lönnrot nur mit einem beherzten Sprung in ein Maisfeld retten. Langsam wieder auf die Beine gekommen, war der Wagen verschwunden. Das Kennzeichen hatte er trotz der Aufregung erkannt: Düsseldorf.

Das Gespräch mit der Witwe verlief enttäuschend, sie hatte den Toten offenbar nicht gekannt. Ob sie jetzt einen eifersüchtigen Düsseldorfer Bekannten mit einem nervösen Bleifuß hatte, erfuhr Lönnrot nicht. Der Zwischenfall im Maisfeld ließ ihn dennoch vorsichtig werden.

Erst Tage später half eine widerliche Seemöwe, die Lönnrot unverhofft einen übel riechenden Gruß auf Nackenhaar und Jackenkragen heftete, den Anlaufpunkt Sabatiers aufzuspüren. Denn im Groll zerrte der so Verzierte an dem halboffen stehenden Tor eines nahegelegenen Bootsschuppens. Auf der Suche nach Wasser oder einem Lappen, um die nass-graue Möwerei zu beseitigen, staunte Lönnrot nicht schlecht, als er sich unversehens einem kleinen Maleratelier gegenübersah. Daran, dass sich Sabatier hier eingemietet hatte, bestand für ihn bald kein Zweifel mehr. Deutlich war sein Name als Empfänger mehrerer Kartons mit Malutensilien zu lesen. Und auch sonst lag noch alles so – die eingetrockneten Farben und ältere Zeitungen sprachen eine deutliche Sprache –, wie es der Künstler verlassen hatte. Wie sich herausstellte, hatte das Mordopfer seine Miete gleich für ein halbes Jahr entrichtet, und zwar in bar. Die Scheine waren in die zitternde Hand eines früheren Kapitäns gefallen. Nun, fast 80-jährig, war dieser froh, durch den baufälligen Schuppen doch noch etwas zu seiner kläglichen Rente hinzuverdienen zu können.

„Eines Sonntags stand der plötzlich vor mir", erinnerte sich Hermann Busker, „und fragte mich, ob in dem Schuppen noch Boote liegen. Ich sag: nee, mien Jung! Im Gegenteil, ich weiß nicht mehr, was ich damit anfangen soll. Zum Verkaufen ist er ja zu alt und zu ramponiert!"

Ob er darin malen dürfe und den Schuppen als Versandadresse angeben – um sich Künstlerbedarf herschicken zu lassen. „Jo, mien Jung", habe er geantwortet.

Per Handschlag sei es abgemacht gewesen und die Versandpapiere und Kartons eines entsprechenden Großhändlers, die überall den Schuppen zierten, belegten die Angaben des Seemannes. Warum er nicht die Polizei verständigt habe, fragte Lönnrot kritisch, der nachdenklich an seiner Pfeife zog.

„Oh", antwortete Busker, „ich habe zu Mine, meiner Frau, gesagt, Mine sag ich, da halten wir uns fein raus! Sonst bekommen wir nur Scherereien und sie schicken uns die Baubehörde. Und die Miete nehmen sie uns auch wieder weg. Sie wissen schon, meine Rente – und unsereins muss auch ja sehen, wo er bleibt! Außerdem, was ist schon dabei, der Mann hat hier doch nur gemalt und wir hätten die Sachen bald zum Sperrmüll gestellt", räsonierte der Alte. Und als besagte Oma Mine hinzutrat und ihrem Mann beipflichtete, bevor sie zu einer Erzählung über ihre tugendhafte Familie bis hin zu den Enkelkindern ansetzte, dachte Lönnrot nur bei sich: „Was für ein Glück. Nicht auszudenken, wenn der Mörder zurückgekehrt wäre, um das versteckte Atelier zu finden."

Was Lönnrot dann aber viel mehr verwunderte, war ein Fund, den er wenig später im Beisein des Käptens machte. In einer Holzkiste versteckt, fanden sich ein falscher Bart, eine übertrieben dicke Hornbrille und weitere Utensilien, die jedem Maskenbildner alle Ehre gemacht hätten. „Sapperlot! War der in Wirklichkeit auch noch Schauspieler?“, entfuhr es dem Alten. Lönnrot wusste es nicht, er wusste nur, dass er auf etwas Wichtiges gestoßen war. Er ließ sich den Schlüssel des Schuppens aushändigen und wollte morgen zurückkehren. Der Täter musste sich ja ziemlich sicher fühlen. Dennoch bat Lönnrot die beiden Alten, die Sache weiterhin für sich zu behalten. Auf dem Weg zu seiner Wohnung ertappte er sich dabei, wie er mehrfach nach dem Düsseldorfer Wagen Ausschau hielt. Konnte es nicht sein, dass der Täter zurückgekehrt war, um die letzten Spuren zu verwischen?

Abends, beim routinemäßigen Durchblättern des Doubles der am Tatort gefundenen Zeitung, hoffte der Ermittler auf neue Querverbindungen. Plötzlich erinnerte er sich an ein Detail, das ihm an dem zerfledderten Original der Zeitung in der Asservatenkammer aufgefallen war. War es Zufall oder nicht, dass ein tiefer Riss durch die Abbildung eines Gemäldes ging, das seinerzeit bei den jährlich stattfindenden „Kunsttagen“ im Dornumer Schloss ausgestellt wurde? Zwar hatte Lönnrot am Nachmittag in dem zugigen Schuppen nur ein paar unfertig bemalte Leinwände gesehen und er war weit entfernt davon, sich einen Freund oder Kenner der zuweilen arg verschrobenen Kunstszene zu nennen. Aber diese Abbildung hier besaß alles, was aus den angefangenen Malereien hätte entstehen können. Die Farben, die breiten Pinselspuren, der Ansatz von Erkennbarkeit einer Landschaft. Der Künstler sei ein Spätberufener, interpretierte der Text des Zeitungsredakteurs das fertig Geschaffene. Und Lönnrot ahnte, dass er diesem Redakteur einen Besuch abstatten musste.

Am anderen Vormittag blickte Lönnrot auf dem Computermonitor besagten Kulturredakteurs in das um Bart, Brille und Perücke bereicherte Gesicht Sabatiers – im Kreise der ausstellenden Künstler und Künstlerinnen der diesjährigen „Dornumer Kunsttage“. Die Sache wurde immer undurchsichtiger, denn als Maler, der vorgab, aus dem Hannöverschen zu stammen, nannte sich Sabatier hier Harald Miemesen.

„Der ist mit einem alten Melkrad zum Schloss gekommen“, amüsierte sich der Journalist. „Komischer Vogel, sprach mit einem gekünstelt hochdeutschen Akzent – und später hat er dann tatsächlich noch den Publikumspreis gewonnen. Ich habe hier noch ein Interview, das am Rande der Preisverleihung entstanden ist. Seine Kunst hat wirklich genialische Züge, so eine Leichtigkeit. Kaum zu glauben, dass der erst gerade angefangen haben soll.“

Das war nun einen Tag her und heute, als er hier am Kai der Kutterfischer stand, begriff Lönnrot endlich die ganze Maskerade. Der Redakteur wusste gar nicht, wie recht er hatte: Dieser Sabatier war nicht der echte Sabatier. Dieser Sabatier war ein professioneller Maler und kein Standesbeamter gewesen. Im Vorübergehen, als Lönnrot den Ortsplan am „Reethaus“ gesehen hatte und wieder an diesen merkwürdigen Namen denken musste, hatte der Name sein Geheimnis verraten. Er klang diesmal weniger französisch, denn „Sabat“, besser „Sabbat“ – für den jüdischen Ruhetag in der Woche –, war der Wortteil, der sich jetzt vor sein inneres Auge legte. Das Mordopfer vereinte in sich zwei Gesichter. Er sah nur wie Sabatier aus, war aber in Wirklichkeit ein anderer. Und was hatte dieser Mann, der sich „Sabatier“ nannte, denn anderes getan, als eine Auszeit zu nehmen, Sabbat zu machen. Der, der hier gestorben war, war nicht Sabatier gewesen, er war nur in dessen Identität geschlüpft. Vielleicht nachdem er Sabatiers Vermisstenanzeige und Foto in der Zeitung entdeckt und eine glückliche Ähnlichkeit und damit seine Chance entdeckt hatte.

Lönnrot stellte sich einen großen Künstler vor. Einen, der sich vielleicht nach einer schöpferischen Krise zurückziehen wollte. Dorthin, wo ihn niemand kannte oder erkannte. Er wollte nicht mehr malen, glaubte, sich verausgabt zu haben. Doch nach einer Weile hatte es ihn wieder in den Fingern gejuckt. Möglicherweise, nein sicher, wurde er andernorts sogar für tot gehalten oder als verschollen geglaubt. Seine hinterlassenen Werke waren horrend im Wert gestiegen, bis er diesen Neuanfang unternahm und den Fehler machte, spaßeshalber eine Mappe beim Arbeitskreis der „Dornumer Kunsttage" einzureichen. Ohne Mühe waren seine Arbeiten hier auf Zustimmung gestoßen – und das bedeutete Öffentlichkeit und war für Miemesen oder wie dieser Mann nun in Wahrheit heißen mochte, vermutlich gleichbedeutend mit dem Tod gewesen. Denn gewiss gab es Menschen, die vom Ausstieg des Künstlers enorm profitiert hatten. Und als Lönnrot sich gerade in diese hineinversetzte und aufs offene Meer blickte, sah er das Mordmotiv vor sich aufscheinen. Der große Künstler würde zu neuem Ruhm auferstehen und konnte nun tun, was immerfort diese Wellen taten, unaufhörlich neue Werke heranspülen und die Preise gänzlich verderben. Man musste die wahre Identität dieses Künstlers klären, seine Bezugspersonen und Begünstigten finden, sein Umfeld durchleuchten. Der Rest war Routine und Arbeit der Wittmunder Kollegen.

– Epilog –

Zwei Wochen später, Lönnrot war längst wieder im Osnabrücker Land, stand auf der Titelseite der gleichen Küstenzeitung folgender Bericht zu lesen:

„Mordfall Sabatier unerwartet aufgeklärt:
Tatverdächtiger Galerist gesteht.

Dornumersiel/Wittmund/Düsseldorf: Durch einen anonymen Tippgeber gelang es der Polizeiinspektion Wittmund überraschend, den sogenannten Ferienhaus-Mord von Dornumersiel aufzuklären. Gestern Vormittag konnte ein tatverdächtiger Düsseldorfer Galerist festgenommen werden, der die Tat inzwischen gestanden hat. Der Galerist Günther T. vertrat in der Hauptsache das Werk des prominenten und kunstgeschichtlich relevanten Malers Jörg Immensee und erzielte nach dessen Tod vor knapp einem Jahr (wir berichteten) horrende Preise bei den internationalen Auktionen. Nach den jetzigen Erkenntnissen der Polizei hatte Immensee aber unerkannt weitergelebt und den Umstand genutzt, einem untergetauchten Bochumer Standesbeamten namens Bernhard Sabatier zum Verwechseln ähnlich zu sehen. Er hatte sich für Sabatier ausgegeben und zuletzt mehrere Monate unerkannt in Dornumersiel gelebt. Wie der Galerist nun aussagte, habe ein unbekannter Autodieb vor einem Jahr den Wagen des Künstlers gestohlen und sei bei einem anschließenden Unfall zu Tode gekommen und bis zur Unkenntlichkeit verbrannt. Jeder habe geglaubt, Immensee selbst sei verunglückt und der Kunstmarkt habe entsprechend reagiert. Das habe ihn und den Künstler zu einem teuflischen Pakt veranlasst. Immensee, der in einer Schaffenskrise steckte, habe versprochen, ein neues Leben zu beginnen und später von den geteilten Erträgen der Auktionen zu leben. Immensee hatte sich hieran aber nicht gehalten und sich verkleidet als der spätere Preisträger Harald Miemesen unter die Künstler der diesjährigen Dornumer Kunsttage gemischt.

Als ein Freund des Galeristen eine Sommer-Ausgabe dieser Zeitung (siehe Ausschnitt) mit nach Hause brachte, die das

Meisterwerk eines angeblichen Miemesen zeigte, erkannte der Galerist sofort den leicht veränderten Stil Immensees. Er kombinierte richtig und entlarvte das Buchstabenspiel des Künstlers als Anagramm – „Miemesen“ für „Immensee“. Die Kunst war ein Spiel, aber auch das Leben als ein Spiel zu begreifen, wie es Immensee offensichtlich beabsichtigte, indem er als Miemesen eine dritte Identität erfand, konnte Günther T. nicht dulden.

Als der Galerist von diesen Eskapaden erfuhr, reiste er umgehend an die Küste, um die Einhaltung der geschäftlichen Abmachung zu verlangen. Konfrontiert mit der Forderung Immensees, ihm einen Vorschuss auf die inzwischen teuer veräußerten Werke zu leisten, sei es zu einem tödlichen Zweikampf gekommen, da der Kunsthändler zugeben musste, den Großteil der Einnahmen bereits verspekuliert zu haben. Immensee starb und Günther T. gelang es, spurlos zu verschwinden. Durch den ungenannten Tippgeber hob die Wittmunder Polizei nun auch das geheime Atelier Immensees in einem baufälligen Bootsschuppen im Ortsteil Westeraccumersiel aus.

Der Aufenthalt des untergetauchten Standesbeamten Bernhard Sabatier ist dagegen weiterhin ungeklärt, wie es gestern seitens der Wittmunder Polizei hieß.“

Dornumersiel

Landkreis Aurich

Die Besiedlung des Ortes Dornumersiel begann wahrscheinlich schon im 15. Jahrhundert. Gegründet wurde der Ort, der damit einen der ältesten Häfen an der ostfriesischen Küste darstellt, als Warfendorf in einer Höhe von sechs Metern über Normalnull. Nachdem die Petri-Flut im Jahre 1651 den ursprünglichen Küstenort, das später sogenannte Altensiel, zerstört hatte, wurde zwei Jahre später damit begonnen, unmittelbar nebeneinander das Dornumer- und das Westeraccumersiel anzulegen. Die beiden Orte konnten

Das ab 1698 entstandene, prächtige Barockschloss in Dornum (auch Norderburg genannt) beheimatet heute eine Realschule (links). Fast wie auf der Insel: eine Strandburg in Dornumersiel.

aber erst nach Eindeichung der umliegenden Polder (also der dem Meer abgerungenen Landflächen) entstehen. Erste urkundliche Erwähnungen des Doppel-Sielortes stammen aus dem Jahr 1684, die verheerende Weihnachtsflut von 1717 vernichtete Dornumersiel und den Nachbarort erneut fast vollständig. Weil hier die Grenze zwischen Ostfriesland und dem Harlingerland verlief, waren aber weiterhin beide Sielorte notwendig und behielten über Jahrhunderte ihre wirtschaftlich-politische Bedeutung.

Die um 1870 entstandene Westerburer Siel-Mühle im Herbst.

Schaustücke im Ortsteil Westeraccumersiel: Das Sielmodell (anno 2005) und das DGzRS-Rettungsboot „Eppe de Bloom".

Bis 1972 war Dornumersiel eine eigenständige Gemeinde, danach Teil der Samtgemeinde Dornum und seit dem 31. Oktober 2001 ein Ortsteil der Gemeinde Dornum. Westeraccumersiel gehört dem Nordseebad Dornumersiel an und zählt zusammen mit diesem derzeit mehr als 400 Einheimische. Herzstück des Ortes ist der Speichersee „Mahlbusen", der den Kutter- und Yachthafen mit dem Ort verbindet. Das touristische Zentrum befindet sich im und um das „Reethaus am Meer" mit seinen vielfältigen Freizeitangeboten. Am westlich gelegenen Sandstrand, der 1990 angelegt wurde, gibt es einen Campingplatz sowie ein solarbeheiztes Meerwasser-Freibad. In Zukunft wird es am Mahlbusen auch einen Kurgarten, den sogenannten „Seepark West", geben. Im Nationalparkhaus erfährt der Besucher viel Wissenswertes zum Wattenmeer und zur Region, im „Zwei-Siele-Museum“ an der Kapitänstraße präsentiert der 1978 gegründete Museumsverein mit vielen maritimen Objekten, Modellen und Schautafeln die Geschichte des Doppel-Sielortes. Bis heute hat Westeraccumersiel den bedeutendsten Plattfischfang aller ostfriesischen Häfen und bis 1960 war hier der Standort einer Rettungsstation der Deutschen Gesellschaft zur Rettung Schiffbrüchiger (DGzRS). An diese Tradition erinnert das Boot „Walther Müller“, das vor dem Alten Rettungsschuppen aufgestellt wurde. Sein heutiger Name, „Eppe de Bloom“, ehrt den ersten Vormann der ehemaligen Rettungsstation Accumersiel.

Die ehemalige fürstliche „Herrlichkeit Dornum“ liegt etwa fünf Kilometer entfernt in südwestlicher Richtung. Im Ortskern von Dornum ist eine Vielzahl historischer Häuser erhalten geblieben. Im Gemeindegebiet gibt es noch vier historische Windmühlen: Die 1626 erbaute Bockwindmühle in Dornum ist die letzte erhaltene in Ostfriesland. In den Orten Westeraccum, Westerbur und Nesse stehen Galerieholländer. Von den ursprünglich mindestens drei auf dem Gemeindegebiet errichteten Burgen haben sich zwei bis in die heutige Zeit erhalten. Die Beningaburg soll der Legende nach zwischen 1375 und 1380 von Häuptling Olde Hero Attena (von Dornum) als Wasserburg errichtet worden sein. Sie wurde in der Sächsischen Fehde zerstört und fiel nach ihrem Wiederaufbau durch Heirat an die Familie Beninga. Heute befindet sich in dem Bauwerk ein Restaurant. Das Wasserschloss in Dornum, die sogenannte Norderburg, ursprünglich im 14. Jahrhundert entstanden, wurde zwischen 1698 und 1707 im Barockstil wieder erbaut. Später wechselte das Gemäuer mehrfach den Besitzer, 1951 wurde die Norderburg in eine Realschule umgewandelt. Während der Sommerferien wird das Schloss für Ausstellungen im Rahmen der „Dornumer Kunsttage“, aber auch für Konzerte und die beliebten Ritterspiele genutzt.

Strandfreuden und der weite Blick aufs Meer: der westlich gelegene Sandstrand kann auch mit einem Meerwasser-Freibad aufwarten.

Ein Haus für zwei Ortsteile: das „Zwei-Siele-Museum“ dokumentiert die Geschichte von Dornumer- und Westeraccumersiel.

Harm

*Am Kutter-
hafen des
Sielortes.*

Bensersiel

Klaus-Peter Wolf

Mamis Held

Mir ging es schon besser, wenn das Land flacher wurde, wenn auch der letzte Berg nicht mehr war als eine Erinnerung. Meine Mutter nannte die Autobahn „Ostfriesenspieß". Für mich war es die Straße in die Freiheit. Druck und Stress fielen von mir ab, wenn ich die Windanlagen sah.

Bensersiel war für mich so etwas wie ein Glücksort. Hier auf dem Campingplatz fühlte ich mich geborgen und frei. Hier konnte ich durchatmen. Der ostfriesische Wind blies alle Sorgen weg. Niemand lachte mich hier aus. Ich war kein Muttersöhnchen, das samstags lieber bei seiner Mama blieb, statt auf den Fußballplatz zu gehen. Hier war ich der Held, der im Meerwasserfreibad durch die achtzig Meter lange Rutsche sauste und dabei seinen Mark und Bein erschütternden Tarzanschrei ausstieß. Damit beeindruckte ich nicht nur meine Mutter, sondern auch viele Mädchen.

„Mein kleiner Held" nannte meine Mutter mich. Nie hätte sie sich selbst auf die Rutsche getraut. Sie ist ein sehr ängstlicher Mensch. Wenn es draußen stürmte und unser Wohnwagen so richtig durchgeschüttelt wurde, dann durfte ich in ihrem Bett schlafen und wir kuschelten uns ganz nah aneinander. Dann sagte sie „mein Beschützer" zu mir.

Besonders schön war es bei Blitz und Donner. Dann konnte sie nicht schlafen. Ihr Herz raste. Sie packte eine Tasche mit den wichtigsten Sachen. Geld, Ausweise und was Erwachsene sonst noch für wichtig halten. Sie stellte Gummistiefel bereit und Regenjacken, um jederzeit aus dem brennenden Wohnwagen fliehen zu können, falls der Blitz ihn treffen sollte. Bei Gefahren, die nie eintraten, war sie immer fluchtbereit, aber wenn sie sich in die falschen Männer verliebte, dann war sie nicht in der Lage, diese Typen zu verlassen, sagte ihre Freundin Annette, die behauptete, Mama sei beziehungssüchtig. Was immer sie damit meinte, für mich bedeutete es, dass ich die Männer vergraulen musste, die sie aus eigener Kraft nicht loswurde. Ich war sehr erfindungsreich, aber manchmal musste ich mir gar nicht viel einfallen lassen. Sie gingen von alleine. Ich glaube, es hatte eh kaum einer den Plan, lange zu bleiben. Die meisten kamen mir vor wie Plünderer auf einem Raubzug. Sie holten sich bei meiner Mutter, was sie gerade brauchten und gingen wieder.

Ihre Freundin Annette sagte: „Du bist wie ein prall gefüllter Supermarkt ohne Kasse. Jeder kann einkaufen, was das Herz begehrt und niemand muss bezahlen. So lockst du die falschen Männer an. Die sind nicht gut für dich. Die benutzen dich nur."

„Ja, ja", gab meine Mutter zu, „du hast ja Recht. Aber ich kann eben nicht allein sein. Ich halte das einfach nicht aus. Ich krieg schon die Panik, wenn ich nur daran denke."

Ich habe das alles gehört und in mein Kissen geheult. Wie konnte sie sich allein fühlen? Sie hatte doch mich. Ich habe wirklich alles getan, um sie glücklich zu machen, damit sie die Kerle nicht brauchte. Ich bin nicht zum Fußball gegangen. Nie ins Kino. Nach der Schule rannte ich nach Hause und blieb bei ihr. Ich war immer schon da, wenn sie von der Arbeit kam. Abends haben wir zusammen ferngesehen. Nur „Tatort" durfte ich sonntags nicht sehen. Keine Krimis. Nichts Gruseliges. Meine Mutter steht auf Quizsendungen und Fernsehshows.

In Bensersiel hatte ich meine Mutter bisher immer für mich alleine. Einmal im Jahr drei Wochen. Aber dieser Torsten war ein echt nerviger Kerl. Der wollte sich richtig bei uns einnisten. Er hatte schon all seine Sachen bei uns in der Wohnung. Die Schränke waren ganz vollgestopft mit seinem Mist. Sogar in meinem Kinderzimmer stand ein Koffer von ihm, und seine dicke Felljacke hing immer über meinem Stuhl. Da waren mir die Typen, die nur auf einen Raubzug zu meiner Mutter kamen, schon lieber. Die setzten sich wenigstens nicht fest.

Dieser Blödarsch von Torsten spielte sich sofort als mein Vater auf, wollte mir dauernd etwas erklären und meine Hausaufgaben überprüfen. Er war immer freundlich, hatte für alles Verständnis und sprach – wenn er mit mir redete – mit so einer schrecklichen Kindergärtnerinnenstimme.

Und jetzt fuhr er mit nach Bensersiel, machte sich an meinem Glücksort breit und baggerte an meiner Mutter herum. Mit ihm traute sich meine Mutter sogar auf die Riesenrutsche. Ständig strahlte sie ihn an und ich hatte das Gefühl, einfach zu verschwinden.

Als es dann stürmte und der ostfriesische Wind unseren Wohnwagen schüttelte, da habe ich gebetet, dass es ein Gewitter gibt, mit heftigen Blitzen und einem mörderischen Donnergrollen. Meine Gebete wurden erhört, doch diesmal rief sie mich nicht in ihr Bett. Sie schickte mich weg und ließ sich von Torsten trösten.

Die beiden sprachen schon von einem Hochzeitstermin. Da stand mein Entschluss fest: Der Typ musste weg. Er würde meine Mutter sowieso unglücklich machen, so wie alle anderen es getan hatten. Irgendwann würde sie seinetwegen heulen. Er sah genau aus wie diese Gockel, die hinter jeder Frau her waren.

Mamas Freundin Annette sagte einmal: „Je stolzer der Pfau sein Rad schlägt, umso besser sieht man sein Arschloch.“ Wenn ich Torsten anguckte, musste ich jedes Mal daran denken und grinsen. Er wertete das als freundliches Lächeln von mir und freute sich.

Mama wollte nach Esens shoppen gehen und zum Friseur. Sie lässt sich immer im Urlaub die Haare machen, dann hat sie wenigstens genug Zeit. Sie wollte blonde Strähnchen, weil Torsten das doch so gerne mag. Er gab ganz den tollen Papa und schlug vor, gemeinsam mit mir ins Watt zu gehen, um mir diesen „bezaubernden, extremen Lebensraum nahezubringen".

Ich könnte kotzen, wenn er so bescheuert daherredet.

Er nahm einen Spaten mit, um mit mir Wattwürmer auszugraben, die er „Vielborster" nannte. Er kriegte sich gar nicht mehr ein, als wir im Watt waren. Am liebsten wäre er mit mir bis Langeoog gegangen, aber das war zu gefährlich von hier aus und ohne Wattführer.

Einen Wattführer hätte er nie engagiert. Nicht, weil er geizig war, nein, er wollte sich die Show nicht stehlen lassen, die Gelegenheit, den Besserwisser zu spielen.

Jetzt tönte der Schlaumeier, auf jedem Quadratmeter Watt gäbe es vierzig bis fünfzig Wattwürmer und jeder würde fünfundzwanzig Liter Sand pro Tag filtern. Die Wattwürmer seien die Waschmaschine des Meeres.

Ich hörte gar nicht mehr zu. Wir gingen weit raus ins Watt und durchwateten einen Priel, in dem noch kleine Fische schwammen. Wir bekamen nasse Knie. Dann knirschten Muscheln unter unseren Füßen. Es war eine richtige Muschelbank. Dahinter war das Watt besonders schlammig, fand ich.

Torsten sackte tiefer ein als ich. Winzige weiße Krebschen krabbelten spinnenhaft an meinen Beinen hoch. Die Sonne knallte heftig vom Himmel, es gab kaum ein Wölkchen.

Torsten stolperte und landete voll im Matsch. Er sah aus wie Sau. Das gefiel mir, und jetzt wusste ich auch, was ich zu tun hatte.

Erst einmal machte ich Fotos von ihm mit seiner bescheuerten Digicam, dann sagte ich ihm, ich hätte früher meinen Vater oft im Watt eingegraben. Da er sich mit meinem Vater, den meine Mutter immer nur „mein Ex" nannte, gerne in Konkurrenz setzte und stets versuchte, ihn zu überflügeln, fragte er mich gleich, ob ich nicht Lust hätte, ihn auch einzugraben.

„Klar", sagte ich. „Gerne. Darf ich das dann auch fotografieren?"

Er nickte. „Und dann können wir deiner Mama zeigen, wie viel Spaß wir beiden Männer zusammen hatten."

Ja, du Trottel, dachte ich.

Wir suchten uns eine Stelle, wo der Boden leicht auszuheben war. Torsten zählte am Anfang noch jeden einzelnen Wattwurm. Dann schaufelte er mit hochrotem Kopf weiter. Ich sah zum Ufer. Die Menschen waren ganz klein. Niemand konnte ohne Fernglas sehen, was wir hier machten.

Ich fand das Loch schon ganz gut. Es sah aus wie ein leeres Grab.

Torsten legte sich rein. Dann nahm ich den Spaten und baggerte ihn mit Meeresboden zu. Am Anfang half er noch mit beiden Armen mit und benutzte seine Hände als Schaufeln. Dann konnte er die Arme nicht mehr bewegen und der Watthaufen auf ihm wurde immer höher. Nur sein Kopf guckte raus.

Ich klopfte alles für ein Foto fest. Ein Wattwurm kroch über sein Gesicht. Er spuckte und bat mich, ihm jetzt wieder rauszuhelfen. Er hatte angeblich Durst und keine Lust mehr.

Aber ich sagte, ich hätte auch Durst und er solle jetzt kein Spielverderber sein. Ich wollte den Berg, unter dem er begraben war, noch größer machen, Türme auf ihm bauen und eine richtige Burg. Aber er wollte nicht mehr. Er bekäme kaum noch Luft, keuchte er, und die Sonne würde sein Gehirn austrocknen.

Aber als ich sagte, meinem Papa habe das immer Spaß gemacht, auf ihm hätte ich viel größere Burgen gebaut, ging es Torsten gleich besser und er war wieder begeistert dabei und forderte mich auf, noch mehr Fotos zu machen. Sein Kopf sollte unbedingt mit drauf. Irgendetwas krabbelte in seinem rechten Ohr herum. Ich sollte es rausnehmen. Ich sah dieses kleine weiße Tier mit den langen Beinen. Es versuchte, ins Innere seines Ohres zu kriechen.

„Da ist nichts“, sagte ich.

Ich hatte in meinem Rucksack noch gut einen halben Liter Wasser. Jetzt nahm ich einen tiefen Schluck.

Er wollte auch etwas von dem Wasser, aber ich sagte: „Die Flasche ist leer.“

„Ist sie nicht. Ich kann es doch sehen!“

„Nee“, sagte ich, „nichts mehr drin“, und nahm noch einen Schluck.

„Das ist nicht mehr lustig!“, rief er. Seine Lippen verzogen sich merkwürdig. „Hol mich hier raus! Mach mich frei! Ich habe was im Ohr!“

Ich nahm den Spaten. Ich sah es in seinem Gesicht. Er unternahm mächtige Kraftanstrengungen, um sich zu befreien, aber er steckte viel zu tief im Watt.

„Hilf mir!“, stöhnte er und versuchte kurz, mit Blicken mein Mitleid zu erregen. Dann wurde er richtig zornig und zeigte seinen wahren Charakter. Ich hatte immer gewusst, dass sich hinter all seiner Freundlichkeit ein richtiger Wüterich verbarg. Er würde meine Mama genauso verhauen wie dieser unmögliche Herbert. Ich war damals zu klein, um meine Mutter zu beschützen, aber niemand würde je wieder ungestraft meiner Mutter wehtun.

„Wenn ich hier rauskomme, dann kannst du etwas erleben! Ich werde das deiner Mutter erzählen!“

Er drohte mit Taschengeldsperre und Hausarrest. Hausarrest! Auf dem Campingplatz! Was war er doch für ein armseliger Spinner.

Ich stieß den Spaten tief in den Boden und drückte mit dem Fuß nach. Der Priel zwischen uns und dem Festland wurde langsam, aber sicher zu einem Fluss mit Hochwasser. Die Flut drückte das Wasser zurück. Es würde noch ein paar

Stunden dauern, aber die Nordsee kam mit Gewalt zurück, darauf war Verlass.

Torsten biss die Zähne aufeinander und bäumte sich gegen sein Schicksal auf. An seinen Schläfen pochten dicke Adern. Sein Gesicht verkrampfte sich zu einer Fratze. Seine Augen quollen dick hervor.

Ich hob den Spaten, voll beladen mit lebendigem Meeresboden, über sein Gesicht. Er sah mich an und schüttelte den Kopf, aber er wusste schon, dass ich es tun würde, denn er presste seine Lippen fest zusammen, um nichts von dem Matsch schlucken zu müssen. Trotzdem schmatzte es merkwürdig laut, als der feuchte Schlamm sein Gesicht traf.

Jetzt begann er jämmerlich zu schreien. Ich sah mich um. Wir waren alleine. Da waren nur die Sonne und das Watt und ein blauer Himmel bis zum Horizont.

Ich machte meine Arbeit ohne große Hektik. Es war ein gutes, ein triumphales Gefühl. Bald hätte ich meine Ma wieder für mich. Ihr würde viel Leid erspart bleiben. Ich nahm mir vor, sie zu trösten, wenn seine Leiche an den Strand geschwemmt werden würde. Ja. Ich war für meine Mutter da. Ich war ein guter Sohn. Ich bin immer ein guter Sohn gewesen. Meine Mutter brauchte keine Kerle wie diesen Torsten oder Herbert, schließlich hatte meine Mutter mich.

Torstens Gesicht war schon gar nicht mehr zu sehen, wohl aber ein Wattwurm, gut dreißig Zentimeter lang, und eine Miesmuschel.

Er schrie nicht mehr. Er weinte nur noch leise.

Ich packte seinen Kopf in Meeresboden ein, so wie ich seinen ganzen Körper vergraben hatte. Dann baute ich aus Muscheln und Wattboden einen Turm, ungefähr dort, wo ich – allerdings einen halben Meter tiefer – seine Nase vermutete. Ich verzierte den Turm noch mit Muscheln. Das Perlmutt glänzte in der Sonne.

Ich warf den Spaten in den Priel. Als ich zurück zum Festland ging, musste ich ihn durchwaten. Das Wasser ging mir schon bis zur Brust.

Mama würde gleich vom Friseur zurückkommen. Ich nahm mir vor, ihr Komplimente zu machen. So etwas ist für sie sehr wichtig. Ich beschloss, auch einen Kaffee für sie zu kochen. Sie sollte sich wohlfühlen.

Natürlich würde sie nach Torsten fragen. Ich wusste auch schon genau, was ich ihr sagen würde: „Ich habe keine Ahnung, wo er ist, Mama. Er hat etwas von endgültig die Schnauze voll gemurmelt und ist gegangen. Er ist eben genau wie die anderen."

„Männer sind doch alle gleich!", hatte Annette einst gesagt. Annette war schlau. Die wusste Bescheid. Annette würde mich verstehen, aber ich hatte nicht vor, ihr die Wahrheit zu erzählen.

Ich sah mich noch einmal um. Torsten lag in seinem feuchten Grab. Den Rest würde die Nordsee für mich erledigen. Vor mir lag Bensersiel. Mein Glücksort.

Bensersiel

Landkreis Wittmund

Als Nordseeheilbad ist der Küstenort Bensersiel vier Kilometer nordwestlich von Esens zu finden, bildet aber zugleich einen Ortsteil der ostfriesischen Kleinstadt. Das Benser Tief, ein weit in das Binnenland hineinführender Sielzug, der die südlich gelegenen Marschen entwässert, hat dem Ort seinen Namen gegeben.

Die gut ausgebaute „grüne Küstenstraße" verbindet Bensersiel heute per Bus und Auto mit weiteren Urlaubsorten. Den Durchreiseverkehr zu den benachbarten Sielhäfen mit

Auch vor der Nordseetherme von Bensersiel erinnert eine Bärenfigur an die Nähe zur Bärenstadt Esens (links).
Moderne und Tradition: Langeoog-Fährschiff und Fischkutter (oben).

Fähranbindung soll andererseits die 2010 eröffnete Umgehungsstraße fernhalten helfen.

Von 1898 bis zu ihrer Einstellung im Jahre 1967 bestand zwischen dem Nordseeheilbad und der Stadt Leer im Südwesten außerdem eine Zugverbindung durch die „Kleinbahn Leer-Aurich-Wittmund" (mit einer Spurweite von 1000 mm). In sportlicher Hinsicht findet die Strecke Leer-Bensersiel noch heute Erwähnung: beim sogenannten „Ossiloop", einer jährlich stattfindenden Laufveranstaltung

Auch in der Winterzeit lohnt ein Strandspaziergang in der frischen Brise.

Mit der Deichbrücke hat Bensersiel nicht nur ein markantes Wahrzeichen, sondern auch einen attraktiven Aussichtspunkt.

(*Loop* = Plattdeutsch für Lauf), die sich jeweils über drei Wochen im Mai hinzieht. Die noch bis zur Mitte des 20. Jahrhunderts prägende Landwirtschaft spielt inzwischen keine Rolle mehr. Heute ist dafür der Fremdenverkehr die Grundlage der lokalen Wirtschaft und der Ort ist hierfür mit zahlreichen Übernachtungsmöglichkeiten und einigen Gaststätten und Geschäften gerüstet. Über 125 000 Gäste und über 900 000 Übernachtungen werden derzeit jährlich in Esens/Bensersiel gezählt. Das „Strandportal" bildet dabei das Zentrum der touristischen Aktivitäten. Seit 1951 sind Esens und Bensersiel touristisch vernetzt, einen Kurverein gibt es bereits seit 60 Jahren.

Durch eine moderne Deichbrücke hat Bensersiel vor einiger Zeit ein markantes Wahrzeichen erhalten, sehenswert sind aber zugleich der Yacht- und Fischkutter-Hafen. Vom Bensersieler Hafen verkehrt mehrfach täglich und tideunabhängig außerdem die Personenfähre zur autofreien Insel Langeoog.

Westlich des Ortes befindet sich ein weitläufiger Campingplatz. Daneben gibt es einen Grünstrand und einen flach abfallenden, künstlich angelegten Sandstrand. Kinder lieben das Spielparadies „Takka-Tukka-Land“ und das direkt am Wasser gelegene Meerwasserfreibad mit seiner 80 Meter langen Riesenrutsche. Mit der „Nordseetherme Bensersiel“, einem überdachten und ganzjährig geöffneten Freizeit- und Erlebnisbad mit großen Schwimmbecken, vielseitigen Sauna-, Wellness- und Beauty-Angeboten, ist der Sielort auch für Ostfriesen eine gefragte Naherholungsoase.

Mittelalterlich geprägt erscheint dagegen die Bärenstadt Esens, die als bedeutender Handels- und Marktort auf dem sturmflutsicheren Geestrand erstmals 1310 urkundliche Erwähnung findet. Bis 1540 beherrschte sie der bedeutende Häuptling Balthasar von Esens, „Junker Balthasar“ genannt, der sich gegen die Bremer Kaufleute und damit gegen die Hanse auflehnte. Noch heute wird ihm zu Ehren jährlich ein Volksfest ausgerichtet. Der Name „Bärenstadt“ und der Bär im Stadtwappen rühren dagegen von einer alten Sage her, nach der sich während einer langen Kriegsbelagerung ein Tanzbär brüllend auf dem Turm eines Stadttores zeigte. Die Feinde suchten hierauf das Weite, weil sie erkennen mussten, dass die Bevölkerung nicht aufgeben würde, solange sie genug Vorräte hatte, um einen Tanzbären durchzufüttern. Überall in der Stadt gibt es deshalb heute bemalte Bären als witzige Standbilder. Das Turm-Museum der St.-Magnus-Kirche, das Holografie-Museum, das Heimat- und Kunst-Museum in der Peldemühle und das August-Gottschalk-Haus zur Geschichte der ostfriesischen Juden bieten dem Besucher vielfältige kulturgeschichtliche Einblicke.

Die auffällige gelbe Wasserrutsche und das Meerwasserfreibad befinden sich nahe des weiten Sandstrandes.

Tropische Anklänge: Blick in das großzügige Schwimmbad der Bensersieler Nordseetherme.

Nicht erst seit „Glennkill" Sympathieträger: Schafe gehören zur Deichlandschaft wie die plattdeutsche Sprache zu Ostfriesland.

Neuharlingersiel

Andreas Scheepker

Nachbarschaftsboßeln

Rainer und Silke saßen nicht bei den Nachbarn. Dort war kein Platz mehr frei. Die Nachbarn hatten schon die Tische und Stühle zusammengerückt und saßen um die reich gedeckte Teetafel im Sielhof.

Rumflockentorte und Ossi-Schnitten mit Schlagsahne und Branntweinrosinen standen dort auf Kuchenplatten. Der Teekuchen war mit goldgelber Puddingcreme gefüllt. Neben Tabletts frisch gebackener Rahmwaffeln standen Schüsseln mit heißen Kirschen und Schalen, aus denen Berge von Schlagsahne aufragten. Auf Porzellanplatten stapelten sich zerbrechlich gerollte Neujahrskuchen. Dickbauchige Teekannen thronten auf messinggetriebenen Stövchen. Und silberglänzende Thermoskannen mit Kaffee kündeten mit dem zirpenden Geräusch entweichender Luft von ihrem köstlichen heißen Inhalt.

Rainer und Silke waren zum ersten Mal beim Neujahrsboßeln der Nachbarschaft dabei. Sie waren vor einem dreiviertel Jahr in die Cadoviusstraße in Werdum eingezogen. Die Neubausiedlung war vor einigen Jahren am Rand des alten Dorfes entstanden. Rainer und Silke hatten das Haus im vergangenen Jahr recht günstig von einem älteren Ehepaar gekauft. Bisher waren sie immer von Aurich aus zu ihren Arbeitsstellen gefahren: Silke in ihre Schule in Esens, wo sie als Sekretärin arbeitete, und Rainer zum Wittmunder Krankenhaus, wo er OP-Pfleger war.

Als der Immobilienmakler ihnen damals von dem günstig angebotenen Haus erzählte, mussten sie erst im Autoatlas nach dem Dorf im Dreieck zwischen Esens, Wittmund und

Neuharlingersiel suchen. Und nun hatten sie schon das erste Weihnachten und Neujahr in ihrem neuen Zuhause in Werdum erlebt.

In ihrem neuen Wohnort hatten sie noch keine Kontakte geknüpft. Die Einwohner im Dorfkern hielten Abstand zu denen, die *nich von hier* waren, und die Nachbarn in der Cadoviusstraße waren mehr eine Clique für sich. Sie hatten fast gleichzeitig ihre Häuser gebaut, ihre Kinder gingen in Esens zur Schule, und sie trafen sich häufig zum Grillen in der warmen Jahreszeit und zum Glühwein im Winter. Rainer und Silke hatten sie bisher nicht dazu eingeladen.

Nach dem Einzug von Rainer und Silke waren die Nachbarn nur kurz bei ihnen gewesen, um den Bogen abzufeiern. Sie hatten den Türbogen aus Tannengrün mit Papierrosen, der in Ostfriesland bei neuen Nachbarn als Willkommensgruß angebracht wurde, an einem Abend abgeholt. Und sie hatten kurz in Rainers und Silkes Wohnzimmer gesessen und etwas von dem Abendessen probiert, das Rainer und Silke vorbereitet hatten, um sich dann nach einer knappen Stunde wieder zu verabschieden. So war der Anstand gewahrt, und gleichzeitig war ein unmissverständliches Signal gegeben worden, dass nähere Kontakte zurzeit nicht in Aussicht standen.

Und dann hatte Jan vor einer Woche bei ihnen vor der Haustür gestanden, die rechte Hand auf ihren Briefkasten gestützt. Jan und seine Frau Steffi wohnten rechts neben ihnen.

„Wenn ihr Lust habt, könnt ihr ja am nächsten Sonnabend mitkommen", hatte Jan gesagt, und er hatte ihnen in sportlich herablassendem Ton erklärt, dass die Nachbarn jeden ersten Sonnabend im Januar einen Ausflug mit Teetrinken, Boßeln und Snirrtjebraten-Essen im Nachbarort Neuharlingersiel machten, zu dem Silke und Rainer am nächsten Wochenende gern dazukommen könnten. Ohne eine Antwort abzuwarten, war er in ihre Diele gekommen. So, als wäre er ein alter Freund, der fast jeden Tag bei ihnen vorbeischaute. Aber es war das erste Mal, dass Jan seit der Bogenfeier bei ihnen im Haus war. Es war überhaupt das allererste Mal, dass seit ihrem Einzug jemand aus der Nachbarschaft ihr Haus betrat.

„Wie sieht's aus? Seid ihr dabei?" An der Art, wie Jan sich in ihrer Diele umsah, spürten Rainer und Silke, dass ihre Inneneinrichtung es nicht mit der von Jan und den anderen Nachbarn aufnehmen konnte. Und an der Art, wie er sie ansah, merkten sie, dass sie selber es noch weniger mit ihm und den anderen aufnehmen konnten.

„Ich weiß nicht", hatte Silke geantwortet. „Rainer und ich haben noch nie so ein Ding in der Hand gehabt."

„Kugel", verbesserte Jan sie. „So ein Ding nennt man Kugel. Boßelkugel. Einige sagen auch *Kloot*, aber das stimmt eigentlich nicht so ganz … Ist ja auch egal. Jedenfalls ist das immer ein schöner Spaß. Und wir alle würden uns freuen, wenn ihr mitkommt. Die rechte Straßenseite wirft immer gegen die linke, die geraden Hausnummern gegen die ungeraden. Das machen wir immer so. Ihr beide seid dann in meiner Mannschaft."

Vermutlich wurden sie gebraucht, damit beide Mannschaften gleich stark waren, dachte Silke. Sie und Rainer sollten den Platz des Ehepaares einnehmen, das vor ihnen hier gewohnt hatte. Sie sollten nur das zahlenmäßige Gleichgewicht wiederherstellen.

Trotzdem hatte Silke ein ungutes Gefühl. „Ich weiß nicht, wir haben so etwas noch nie mitgemacht. Ich glaube nicht, dass wir ein großer Gewinn für deine Mannschaft sind."

„Es geht doch nicht ums Gewinnen", belehrte Jan sie lachend. „Das machen wir doch nur aus Spaß!"

Und nun saßen Rainer und Silke hier an ihrem weißgedeckten Tischchen im Sielhof vor der Wand mit den blauweißen Fliesen. Die Fliesen waren mit Szenen aus der Bibel bemalt und erzählten von Glauben und Zweifel, von Mut und Angst, von Liebe und Hass – konzentriert auf wenige blaue Striche und mit Glasur haltbar gemacht für künftige Generationen.

„Setzt euch doch zu uns. Wir rücken ein bisschen zusammen." Kathi stand auf einmal vor ihnen. Kathi wohnte auf der linken Seite neben ihnen. Sie war die temperamentvolle kleine Frau vom riesigen Olaf, der den ganzen Tag im Trainingsanzug herumlief.

Rainer und Silke erhoben sich und rückten mit ihren Stühlen zu den anderen.

Nach Tee und Kuchen erfolgte traditionsgemäß ein Rundgang um den Hafen. Rainer und Silke waren ein Stück vorausgegangen. Bei den beiden Bronzeskulpturen vom Altfischer, der sich über den Korb lehnte, und dem Jungfischer, der mit der Pudelmütze neben ihm saß, warteten sie auf die Nachbarn.

Silke kannte Neuharlingersiel gut. Sie war als Kind oft bei ihrer Großtante Renske gewesen, der jüngsten Schwester ihrer Oma. *Tant Renske* vermietete damals drei Fremdenzimmer, und *Unkel Theo* war Fischer. Die Fischerei war für die beiden zu jener Zeit noch der Haupterwerb und die Vermietung an Feriengäste ein Zubrot. Neuharlingersiel war erst gerade seit ein paar Jahren als Küstenbadeort anerkannt.

Silke hatte bei ihrer *Tant Renske* immer einen großen Teil der Sommerferien verbracht. *Tant Renskes* Tochter studierte damals in Hannover Tiermedizin, und Silke konnte in ihrem Zimmer übernachten. Später schlief sie dann im Wohnzimmer auf der Couch. Sabines Zimmer war auch zu einem Fremdenzimmer ummöbliert worden, man brauchte das Geld.

Die Ferien bei *Tant Renske* und *Unkel Theo* waren immer herrlich gewesen. Silke konnte mit den Gästekindern spielen, die mit ihren Eltern meistens aus Nordrhein-Westfalen angereist waren. Manchmal nahmen die Urlauber sie dann mit an den Strand oder ins Buddelschiffmuseum.

Oft musste Silke ihrer Tante helfen, denn den Gästen mit Halbpension musste am Abend ein ordentliches Essen vorgesetzt werden. Noch heute konnte Silke im Schlaf Granat pulen und wusste genau, wo Daumen und Zeigefinger der rechten und linken Hand ansetzen mussten, um an der richtigen Stelle den kleinen Dreh durchzuführen, der die orange-weißen Tierchen aus dem dünnen Panzer befreite. Üppig wurden sie auf das mit dicker Butter bestrichene Brot gehäuft, und dann wurden zwei Spiegeleier daraufgesetzt.

Silke wurde es fast ein wenig wehmütig zumute, als sie mit den Nachbarn an *Tant Renskes* Haus vorbeiging. Nach dem Tod der beiden war das Haus verkauft worden, und heute war dort ein Souvenirladen für Urlauber.

Schweigend stand Silke neben Rainer, der ihre Gedanken erriet. Silke atmete die frische Nordseeluft tief ein. Rechts sah sie die alte Schule mit ihrem Dachreiter, und links setzte sich das alte Kapitänshaus mit dem Anker im Vorgarten aus der Häuserzeile ab. Hier war vor ein paar Jahren eine Fernsehserie gedreht worden, in der alberne Klischees über Ostfriesland präsentiert wurden.

Rainer und Silke mochten Neuharlingersiel am liebsten in den Zeiten, in denen nur wenige Urlaubsgäste hier waren. Wenn die Herbststürme über die schwermütige karge Landschaft fegten oder die Wochen im Januar und Februar mehr Regen als Schnee brachten, kamen Silke und Rainer gern hierher. Sie gingen den menschenleeren Strand entlang, und sie spazierten um das Hafenbecken, vorbei an vielen Geschäften, die jetzt geschlossen waren.

„Hier!" Auf einmal stand Jan vor ihnen und riss Silke aus ihren Gedanken. Er reichte ihr und Rainer Eierbecher an einer Kordel. „Das müsst ihr euch umhängen. Für ein *Söpke* zwischendurch.“ Jan machte eine Trinkbewegung und blinzelte ihnen zu. „Ist ja nur aus Spaß“, sagte Jan und erläuterte die Regeln.

Dann gingen Jan und Kathi mit zwei Flaschen herum und schenkten den Nachbarn einen Schnaps in den Eierbecher. „Rood oder Witt?“, fragten sie bei jedem. Rainer sah, dass Jan und Kathis Finger sich berührten, als er ihr den roten Johannisbeerschnaps einschenkte.

Und dann ging es los. Da Jan mit seiner Frau Steffi das Haus mit der Nummer 1 bewohnte, war er als Erster an der Reihe. Er nahm kräftig Anlauf und rollte die Boßelkugel kraftvoll die Straße hoch. Schnurgeradeaus lief die Boßelkugel, bis sie in weiter Ferne ihr Tempo verlangsamte und an die Seite ins Gras rollte. Hero mit der Hausnummer 2 schoss für die Nachbarn der Gegenseite. Nur wenige Schritte lief er an, und dann ließ er die Kugel mit einer ruckartigen Armbewegung laufen. Konzentriert sah er hinterher. Seine Kugel lief noch weiter als die von Jan und verlor sich dann im Gras. Danach waren die Frauen aus Nummer 1 und 2 an der Reihe. Steffi konnte mit ihrem Wurf einen kleinen Vorsprung erreichen.

„Jetzt muss die Hausnummer 3 ihr Bestes geben“, sagte Jan zu Rainer und hielt ihm die Boßelkugel hin. Vor ihnen machte die Straße jetzt eine Kurve. Jan erklärte Rainer, wie er den Wurf anzusetzen hatte und klopfte ihm auf die Schulter. „Ist ja nur Spaß“, meinte Jan.

Rainer lief an wie beim Bowling und schleuderte die Kugel auf die Straße. Sie lief ein kurzes Stück geradeaus und flog dann aus der Kurve. Entgeistert sahen Jan und Steffi ihn an. „Ich hab das noch nie so richtig gemacht“, entschuldigte sich Rainer. Als Hero von gegenüber ebenfalls in der Kurve scheiterte, schienen Jan und Steffi wieder beruhigt zu sein.

Kathi holte die Boßelkugel mit dem Klootsucher aus dem Graben, einem langen Stiel mit einem Auffangkorb aus rundgebogenen Metallstreben. „Jetzt bist du dran, Silke. Vermassel es nicht. Is' ja nur Spaß, aber in den letzten Jahren haben immer die anderen gewonnen. Muss ja nicht sein."

Silke setzte die Kugel so auf, dass sie keine zwanzig Meter am Rand der Straße rollte und dann durch ein Schlagloch aus der Bahn genau an einen Baumstamm geschleudert wurde. Wenige Schritte entfernt blieb sie liegen.

Kathi verzog das Gesicht. „Dazu gehört ja auch was, den einzigen Baum hier weit und breit zu treffen. Wie ist das bloß möglich?"

„Ach, lass doch", brummte Olaf, ihr hünenhafter Mann. „Ist doch bloß Spaß. Geht doch um nix."

„Schööt!", rief jemand aus der anderen Gruppe. Das war wohl so viel wie ein Punkt für die Nachbarn mit den geraden Zahlen.

„Vielleicht macht dir das ja Spaß, dass wir jedes Jahr verlieren", giftete Kathi zurück. Sie wandte sich von Olaf ab und sah Jan hilfesuchend an. Der blinzelte ihr zu und nickte. Dann machte er noch einmal die Runde mit Alkoholischem, in „rood" und „witt".

Nach etlichen hundert Metern, man war inzwischen bei der übernächsten Runde „Rood" und „Witt" angekommen, lag die Nachbarschaft mit den ungeraden Zahlen knapp im Rückstand. Jan und Steffi waren geübte Boßler, die nur selten einen Schuss verpatzten. Mit Rainer und Silke geriet die Mannschaft dann in einen Rückstand, den Kathi und Olaf mit Mühe wieder aufholen konnten. Ohne Rainer und Silke hätte ihre Mannschaft die Nachbarn von gegenüber vermutlich schon längst abgehängt. Die Stimmung verlor etwas an Lockerheit. In Jans guten Ratschlägen schwang ein genervter Unterton mit, Steffis aufmunternde Worte klangen leicht gereizt, Kathis Stimme wurde immer schneidender, und Olafs Bemühen um Entspannung bekam etwas Angestrengtes.

„Da“, sagte Jan zu Rainer, reichte ihm die Boßelkugel und zeigte auf die Straße. „Da musst du ihn aufsetzen. Ganz gerade. Konzentrier dich. Hörst du?“

Rainer nahm Anlauf. Er sah, dass in diesem Abschnitt die eine Fahrbahnseite eine Art Bahn mit einer leichten Absenkung in der Mitte bildete. Er setzte die Kugel flach und mit Schwung auf, und sie rollte ein langes Stück geradeaus.

„Mensch, Rainer, das hätte ich dir ja echt nicht zugetraut.“ Jan knuffte ihn freundschaftlich. „Ich glaub, ich lerne dich erst jetzt so richtig kennen. Wir beide müssen unbedingt mal zusammen ein Bier trinken, was?“

„Mag wohl“, erwiderte Rainer und sah dem Nachbarn von gegenüber zu, der jetzt an der Reihe war.

Nun war Silke wieder an der Reihe. Auf einmal stand Kathi neben ihr. „Du schaffst das, Silke. Du schaffst das.“ Silke stellte sich vor, sie würde kegeln und die Fahrbahn vor ihr wäre eine unebene Kegelbahn. Sie warf präzise in die Mitte der Straße, und die Kugel rollte präzise auf der Mitte. Da Silke ihr nicht so viel Schwung gegeben hatte, um die Richtung zu halten, lief die Kugel noch ein Stück weiter in der Mitte und kullerte dann langsam zur Seite.

„Mensch“, sagte Kathi und schlug ihr auf den Oberarm. Das tat weh. „Die Richtung war ja schon ganz gut, und das nächste Mal etwas mehr Power. Das wird schon.“ Sie lächelte verkrampft. „Wir boßeln nur aus Spaß. Aber ein bisschen Mühe wollen wir uns ja trotzdem geben“, belehrte sie Silke mit erhobener Stimme.

„Reg dich ab, Kathi, sie macht das schon. Wir sind ja noch im Gleichstand mit den anderen“, brummte Jan ihr zu und legte fast zärtlich seine Fingerspitzen auf Kathis Oberarm. „Lass das“, stieß Kathi hervor, und sie schüttelte Jans Hand ab.

Inzwischen hatte man die erste Hälfte der Strecke geschafft. Mit Glühwein wärmte man sich wieder auf. Als Kathi mit der Thermoskanne herumging, ließ sie Silke aus. Aber Silke war das recht. Vom Glühwein bekam sie meist Sodbrennen. Und auch als Jan mit einer Flasche Johannisbeerschnaps vor ihr stand, lehnte sie ab. Die zwei „Rooden“, die sie auf dem Hinweg getrunken hatte, reichten ihr. Rainer trank, um kein Aufsehen zu erregen, einen Becher Glühwein mit.

Er war nach der Pause als Erster dran. Nun trat man den Rückweg an. Es wurde genau vermessen, welche Mannschaft wo beginnen musste. Bald entzündete sich eine kleine Auseinandersetzung darüber, an welcher Stelle die Boßelkugel aus dem Graben geholt worden war und wo genau die andere Mannschaft den nächsten Wurf beginnen sollte. Aber dann versicherte man sich gegenseitig, dass ja alles nur Spaß wäre.

Als der Nachbarin von gegenüber ihr Schuss missglückte und die Kugel schon nach gut zwanzig Metern von der Bahn abkam, hielt Jan Rainer die Kugel hin. „Jetzt mach das Ding“, sagte er. „Jetzt können wir den Punkt machen. Versau die Sache nicht.“

„Ich werde mir Mühe geben“, antwortete Rainer. Jan baute sich vor Rainer auf. Er hatte inzwischen so viele Schnäpse getrunken, dass sein Gesicht eine gefährliche Rotfärbung angenommen hatte.

Rainer nahm einen kurzen Anlauf und setzte die Kugel verkehrt auf. Sie rollte hart am Rand der Straße und lief dann im Gras aus. Der Vorsprung seiner Mannschaft war dahin.

Jan kam auf Rainer zu. Er stieß Rainer vor die Brust, so dass der ein paar Schritte zurückstolperte und fast gefallen wäre.

„Das machst du aber nicht noch mal, hörst du?“, zischte Jan. „Ich will nicht noch mal ein Jahr vor den anderen als Idiot dastehen. Kapierst du? Immer, wenn wir mit den anderen zusammenkommen, muss ich mir irgendwelche dummen Sprüche anhören, dass wir beim Boßeln wieder verloren haben. Davon hab ich die Schnauze voll, verstehst du?"

Plötzlich bemerkte er, dass die Nachbarin von gegenüber mit der Kugel in der Hand zu ihnen schaute. Jan gab Rainer einen Klaps auf die Schulter. „Ist ja nur Spaß."

Nachdem die Nachbarin von der anderen Straßenseite mit mäßigem Erfolg geboßelt hatte, war Silke an der Reihe. Silke nahm gehörig Anlauf. Die Kugel glitt ihr aus der Hand, bevor Silke sie richtig aufsetzen konnte und flog schräg über die Straße ins Gebüsch. Kathi lächelte mit verzerrter Miene und drückte Silke den Klootsucher in die Hand. „Hier, den hast du vermasselt. Den kannst du jetzt auch selbst wiederholen." Dann wandte sie sich ab.

Silke sah Rainer achselzuckend an. Aus der anderen Gruppe schrie wieder jemand „Schööt".

Silke stapfte ins Gebüsch und suchte ihre Boßelkugel. Auf einmal war Kathi hinter ihr. „Los, beweg dich schon", fauchte sie und gab Silke einen Stoß. Silke verlor den Halt und glitt die Böschung hinunter in den Graben. Hart landete sie auf dem Po, und ihr rechter Fuß rutschte ins eiskalte Wasser.

Silke zog sich an einem Zweig wieder hoch. Ihr Hintern tat weh. Der rechte Fuß machte ein schmatzendes Geräusch im nassen Schuh, als sie auftrat. „Spinnst du?", fuhr sie Kathi an. Sie hielt ihr den Klootsucher hin. „Such das Ding doch selbst."

Kathi packte mit der einen Hand den Stiel und hielt mit der anderen Silke am Arm fest. „Pass genau auf, Mädchen", fauchte Kathi. „Du bewegst dich hier auf ganz dünnem Eis. Wenn Leute nicht zu uns passen, dann können wir in der Nachbarschaft auch ganz ungemütlich werden. Da verstehen wir keinen Spaß."

„Sag mal, hast du sie noch alle?", zischte Silke zurück. „Wenn du so etwas noch mal machst, werfe ich den Kloot das nächste Mal gleich in den Graben. Dann seid ihr in diesem Jahr wieder die Verlierer. Bist du sonst auch eine Looserin, Kathi? Oder warum nimmst du das hier so ernst?"

Kathis Gesicht verzerrte sich zu einer wütenden Fratze. Sie machte einen Schritt auf Silke zu und stand direkt vor ihr. Silke konnte ihren Atem spüren. Kathi roch nach Johannisbeerschnaps und Wut.

„He, was macht ihr da unten. Kommt ihr wieder rauf?" Oben an der Böschung stand Hero. „Oder braucht ihr Hilfe?"

„Nee, hier ist alles klar, wir kommen", rief Kathi ihm zu. Sie drehte sich um und vergewisserte sich, dass Hero weitergegangen war. Dann wandte sie sich wieder zu Silke um. Kathi packte Silke an den Armen und zog sie zu sich. Im gleichen Moment stieß sie Silke ihr Knie in die Magengrube.

Silke spürte einen dumpfen, heftigen Schmerz. Für einen Moment wurde ihr schwarz vor Augen und ihr blieb die Luft weg. Silke griff nach dem Ast neben sich. Jetzt um jeden Preis aufrecht stehen bleiben, dachte sie, jetzt keine Schwäche zeigen. Ihr war schwindelig.

Silke nahm alle Kraft zusammen und stieß Kathi mit dem Klootsucher zur Seite. Sie ging durch das Gebüsch wieder die Böschung hoch zu den anderen. Kathi folgte ihr.

„Ist alles okay?", fragte Rainer, der die Schmutzflecke auf Silkes Anorak sah.

„Alles okay", antwortete sie. „Ich bin nur hingefallen."

Die nächsten Würfe gingen Rainer und Silke leidlich von der Hand. Es waren keine großen Ausrutscher dabei, und langsam bekamen sie ein Gefühl für den Schwung und die Kugel. Sie konnten nicht ganz bei den anderen mithalten, aber Steffi, Jan, Kathi und Olaf konnten jeweils aufholen, so dass ihre Mannschaft sich immer nur knapp im Rückstand befand.

Langsam wurde das Tageslicht schwächer, und es waren nur noch ein paar Minuten, bis sie den Ort wieder erreicht hatten.

Jan hielt Rainer die Boßelkugel hin. „Wenn du den verschießt, dann kannst du dich warm anziehen", knurrte er.

„Ist doch nur Spaß", brummte Rainer und riss Jan die Kugel weg.

Rainer nahm Anlauf. Er legte alle Kraft, alle Konzentration, alles Gefühl in seinen Arm und dann in seine Hand und dann in die Kugel. Die Kugel rollte und rollte wie von Geisterhand bewegt. Mit offenem Mund starrten Jan, Steffi, Kathi und Olaf der Boßelkugel nach, die schnurstracks geradeaus lief und erst vor der entfernt liegenden Kurve an Tempo verlor, um dann sogar noch ein Stück der Straßenbiegung zu folgen.

Als Silke an der Reihe war, fixierte sie den Baum, gegen den sie auf dem Hinweg die Kugel geworfen hatte. Er stand so weit entfernt in der Kurve, dass er ein gutes Orientierungszeichen war. Silke lief an und setzte die Kugel mit Schwung knapp über dem Boden auf. Dadurch bekam die Kugel viel Triebkraft und behielt die Richtung. Sie lief immer weiter, bis sie ganz hinten aus der Kurve vor den Baum kullerte.

„Das hatten wir doch schon mal", sagte Kathi spitz. Aber die Nachbarn von gegenüber applaudierten anerkennend. Hilflos lächelnd sah Silke Rainer an, der ihr liebevoll zunickte. „Ich weiß nicht, wie ich das gemacht habe", sagte sie.

Mit den beiden Schüssen von Rainer und Silke hatten die ungeraden Nachbarn einen solchen Vorsprung, dass die anderen Nachbarn mehrere Würfe brauchten, um den Vorsprung einzuholen, was sie zwei „Schööt" kostete. Im Endresultat hatte die Mannschaft von Rainer und Silke knapp gewonnen. „Sehr knapp", wie die Nachbarn der anderen Straßenseite bemerkten.

Jan verschränkte die Arme vor der Brust und sah Rainer trotzig an. Kathi stand neben ihm und sah angestrengt weg.

Rainer und Silke hatten als Letzte den Sielhof betreten. Während Silke zur Toilette ging, sah Rainer auf einer Tür den Hinweis auf die Bibliothek. Da es bis zum Essen sicher noch etwas dauerte, beschloss er, sich die Bibliothek einmal anzusehen.

Er betrat den Raum, und Jan und Kathi schreckten auseinander.

Jan sagte kleinlaut: „Es ist nicht das, was du jetzt vielleicht denkst."

Rainer lächelte ihn an und antwortete gelassen: „Ich denke gar nichts. Ich sehe nur ab und zu jemanden hinter unserer Hecke entlangschleichen, wenn Olaf Spätschicht hat und Steffi beim Tennis ist."

Jan sah ihn verdutzt an. Kathi stand verlegen am Fenster.

Rainer klopfte Jan auf die Schulter und sagte: „Ist doch alles nur Spaß, oder?"

Im Sielhof war der Tisch inzwischen gedeckt, und die Bedienung trug das Essen auf. Rainer und Silke traten als Letzte in die Gaststube. Violettglänzender Rotkohl und gelbe Kartoffeln dampften in den Schüsseln. Berge von braun gebratenem Fleisch türmten sich auf den silbernen Servierplatten, „Snirrtjebraten".

Jan erhob sich beflissen, als er Rainer und Silke hereinkommen sah. „Kommt her, wir rücken zusammen", lud er sie ein.

„Lass man", erwiderte Silke. „Wir können nicht zum Essen bleiben. Wir haben heute Abend noch etwas vor."

Hand in Hand schlenderten sie wieder zum Hafen. Inzwischen war es dunkel geworden. Ein Lokal direkt am Hafen hatte noch geöffnet. Wenige Gäste saßen im Restaurant. Rainer und Silke setzten sich ans Fenster mit Blick auf den Sielhafen.

Als der Kellner ihnen das gebratene Rotbarschfilet serviert hatte, stießen sie mit ihren Weißweingläsern an. „Auf ein gutes neues Jahr“, sagte Rainer. Und Silke ergänzte: „Mit möglichst wenig von dem, was nur Spaß ist.“

Neuharlingersiel
Landkreis Wittmund

Neuharlingersiel ist als Nordseeheilbad ausgezeichnet – und das nicht erst, seit der Nationalpark Niedersächsisches Wattenmeer 2009 zum Weltnaturerbe erklärt wurde. In jüngster Zeit ist der Tourismus wichtigster Wirtschaftszweig in Neuharlingersiel, denn es werden rund 100 000 Gäste und 800 000 Übernachtungen im Jahr gezählt.

Wie sehr der Ort in der Samtgemeinde Esens mit der Schifffahrt verhaftet ist, beweist sein Wappen, das einen Zweimaster unter vollen Segeln auf blauem Grund zeigt.

Einst Herrensitz, heute Gästehaus: der Sielhof aus dem 18. Jh. (links). Die „Jung- und Altfischer"-Bronzen schufen die Esenser Künstler Hans-Christian und Anders Petersen (oben).

Das Schiff erinnert an die vielen Großsegler, die seinerzeit im Hafen von Neuharlingersiel beheimatet waren. Weitere seemännische Hingucker sind die beiden Skulpturen „Alt- und Jungfischer", die seit dem Jahr 2000 am Hafenbecken stehen, und das schmucke Traditionsschiff „Lulu Meinders", ein ehemaliger Fischkutter, der im idyllischen Hafen dümpelt.

Neuharlingersiel entstand durch Eindeichungsmaßnahmen der Harlebucht und wurde anno 1693 erstmals urkundlich erwähnt. Mit der Zeit entwickelte sich die kleine

Die Windlooper neigen sich sommers wie winters elegant über die Küstenstraßen.

Die größte zusammenhängende Bibelfliesenwand Ostfrieslands ist nach ihrer gründlichen Restaurierung wieder im Sielhof zu besichtigen.

Ein Spiel mit Tradition: Boßeln geht zu jeder Jahreszeit und wird in Ostfriesland auch als Breitensport betrieben.

Winter-Impression aus dem Kutterhafen von Neuharlingersiel.

Carolinensiel

Silke Arends

Zweierlei Sehnsucht

Sie konnte nicht anders. Marie sprang vom Fahrrad und schob es langsam am Hafenbecken entlang. Da waren sie wieder. Jene Geräusche, die in der Dunkelheit so eindringlich waren und sie schon als Kind ohne jegliches Unbehagen fasziniert hatten: Das Plätschern des Wassers, das leise die alten, hölzernen Schiffskörper im Hafen umspielte; das Knarren der betagten Holzplanken, die sich unermüdlich reckten und streckten, sich ihrem Schicksal nicht ergeben wollten und doch nicht aus den Nägeln springen konnten; das ungewohnt sanfte Krächzen schläfriger Möwen und das zarte Klimpern der Fallen, die der Wind wie im Vorübergehen zum Klingen brachte. Marie lächelte. Ihr Großvater würde ihr schon nicht böse sein, dass sie mal wieder den Umweg nahm. Seit gestern Abend illuminierten die Lichter des schwimmenden Weihnachtsbaumes den historischen Hafen von Carolinensiel – wie könnte sie sich da nicht wenigstens einige Augenblicke gönnen und ein wenig innehalten.

Marie lehnte ihr Rad an die Hafenmauer und strich wie jedes Mal, wenn sie vorüberging, über die kühle Bronzehaut der „Caroline“. Gemeinsam blickten sie wie Verbündete in Richtung See. Hier fühlte sich Marie ihrer Mutter immer besonders nah. Es war ein schönes Fest gewesen, gestern am frühen Abend, als der Weihnachtsbaum inmitten des Hafenbeckens seinen Platz gefunden hatte. Eine Tradition, die wieder einmal viele Schaulustige in den Hafen gelockt hatte. Vom Anlass beseelt, schwelgten die Erwachsenen in Gedanken und teilten ihre Erinnerungen an die Weihnachtsfeste vergangener Jahre, während die kleinen Zuschauer auf den Mann mit weißem Bart und rotem Mantel warteten, der dann endlich per Raddampfer in den Hafen einfuhr. Bis es soweit war, frönte man gemeinschaftlich dieser besonderen Stimmung und genoss Glühwein zur Bratwurst oder heiße Schokolade mit frisch gebackenen Prüllkes.

Marie war gestern Abend mit ihrem Vater und ihrem Bruder am Hafen gewesen. Ihr Großvater hatte wie seit Jahren seinen ehrenamtlichen Platz am Stand des Sielhafenmuseums gehabt und mit den Leuten über die Welt und das Meer geplaudert, während sie ihm maritime Mitbringsel abkauften. Die drei Männer hatten sich prächtig verstanden. Marie hatte von einem zum anderen geblickt und im Stillen versucht, das in Worte zu fassen, wovon sie immer geträumt hatte. Immer wieder hatte sie mit „ihren“ Männern auf das bevorstehende Weihnachtsfest angestoßen und dann waren sie gemeinsam singend nach Hause gegangen. „Oh, du fröhliche, oh, du selige, gnadenbringende Weihnachtszeit …“

Als Marie jetzt über das dunkle Hafenbecken blickte, in dem sich die elektrischen Lichter des Weihnachtsbaumes spiegelten, kam es ihr vor, als sei die große Tanne mit brennenden Kerzen geschmückt. Der leichte Wind aus Nordwest, dem es nicht nur gelang, die Fallen zum Klingen zu bringen, kräuselte auch die Wasseroberfläche – und so sanft bewegt, ließ das Wasser die Spiegelungen der Kerzen erzittern. Wie viele Kerzen es wohl waren? Einhundert? Zweihundert? 365 – je eine Kerze für einen Tag?! Das vergangene Jahr, so erschien es Marie, war wie eine Kerze abgebrannt, die in unbändiger Zugluft geflackert hatte. „Ich habe jetzt eine Familie“, flüsterte sie und genoss wieder und wieder jenes wärmende Gefühl, dessen Intensität ihr förmlich unter die Herzenshaut fuhr.

365 Tage war es her. Am Abend vor einem Jahr, als der Weihnachtsbaum im Hafenbecken installiert und von den Umstehenden mit Beifall bedacht worden war, hatte Marie von der besten Freundin ihrer Mutter erfahren, wer ihr Vater

war. Sabine war nach dem Genuss von reichlich Eierpunsch ins Erzählen gekommen. „Ach, du bist ja nun auch schon volljährig“, hatte sie begonnen. Und unversehens, inmitten des vorweihnachtlichen Leuchtens um sie herum, hatte Marie erfahren, dass ihre Mutter ihren Vater Silvester 1989 in Berlin kennengelernt hatte. Er hatte in jenem Hotel ausgeholfen, in dem die beiden jungen Frauen aus Carolinensiel zum Jahreswechsel genächtigt hatten. „Hotel Excelsior. Eigentlich viel zu teuer für uns – aber wir wollten einfach mal was erleben! Das waren Zeiten! Und der junge Mann an der Rezeption war wirklich ein aufgeschlossener, hübscher Bengel. Er hat uns ein bisschen die Stadt gezeigt und, glaube mir, deine Mutter war vom ersten Moment an Feuer und Flamme“, hatte Sabine gelächelt. Dann war ihr Tonfall beinahe feierlich geworden, so als hätte sie eine messianische Botschaft zu verkünden gehabt: „Er hieß Bernd. Und war Sohn des Hauses.“

Ihrem Großvater, bei dem Marie nach dem frühen und tragischen Tod ihrer Mutter aufgewachsen war, hatte sie zunächst nichts von Sabines Redseligkeit erzählt. Auch hatte es einige Tage gedauert, bis ihre klammen Gefühle von einer Neugier abgelöst worden waren, die sodann keinen Aufschub geduldet hatte. Als sie mit ihren Recherchen begonnen hatte, waren diese so unkompliziert verlaufen, dass sie vor der Endgültigkeit ihrer Entdeckung erschrocken war: laut Internet existierte das besagte Hotel noch, war das Haus wie ehedem familienbetrieben und ein gewisser Bernd Kielmann Besitzer und Geschäftsführer. Als Bernd Kielmann erfahren hatte, dass Marie seine Tochter sei, hatte diese an der Rezeption vor ihm gestanden. Dabei hatte sie ihn unverwandt angesehen – so wie ihn damals ihre Mutter angesehen hatte: mit leuchtend blauen Augen, aber keineswegs blauäugig. Eine blonde, hochgewachsene, junge Frau, die jene Frische ausstrahlte, die man den Bewohnern der Küste nachsagt. Bernd, so hatte Marie dann erfahren, war jüngst verwitwet, hatte einen Sohn und nichts von der Existenz einer Tochter gewusst. „Deine Mutter hat damals, bevor es mit uns erst richtig anfangen konnte, den Kontakt zu mir abgebrochen. Sie hat auf keinen meiner Briefe reagiert, am Telefon ließ sie sich verleugnen“, hatte Bernd ihr versichert. Und weil das auch Sabine so gesagt hatte, wollte Marie ihm glauben. Jetzt, ein Jahr später, wusste sie: ihr Gefühl hatte sie nicht einen Moment getrogen. Sie würde dieses Weihnachten mit ihrem Vater, ihrem Bruder und mit ihrem Großvater verbringen. „Ich habe jetzt eine Familie“, flüsterte sie, blickte auf die funkelnden Kerzen und genoss jenes wärmende Gefühl, dessen Intensität ihr förmlich unter die Herzenshaut fuhr.

Er versuchte oft, sich zu erinnern, wann es angefangen hatte und da er zumeist mit sich allein war, dauerte es nie lange, bis er in ein ihn zermürbendes Grübeln verfiel. Mit Vehemenz sezierte er seine Erinnerungen, aber keine von ihnen konnte ihn besänftigen. Wie hatte er es nur zulassen können? Wann hatte seine Zeit mit Marie begonnen? So sehr er sich auch mühte, er vermochte es nicht zu beschreiben, wann er sie das erste Mal bewusst wahrgenommen hatte, kam aber stets nach diesen ebenso schmerzhaften wie vergeblichen Phasen des Reflektierens mit sich und seiner Verzagtheit überein, dass er sie wohl seit Jahren um sich wusste. „Jahre“ – ja, so glaubte er, so würden sich Jahre anfühlen. Jahre, die sich für ihn in unzähligen, fein knisternden Kalenderblättern mit biblischen Weisheiten widerspiegelten. Jahre und Weisheiten, die Weisungen waren und sich untrüglich in den Mundwinkeln seiner Mutter eingelebt hatten. Tag für Tag hatte sie ihm, dem Taugenichts, die Sühne Gottes und dräuende Verdammnis prophezeit. „Ich wartete des Guten, und es kommt das Böse; ich hoffte aufs Licht und es kommt Finsternis“ (Hiob, Kapitel 30, Vers 26), war zeitlebens ihr alttestamentarisches Credo und allein in jenen Momenten, in denen sie ihm seherisch seine dereinstige Bestimmung geweissagt hatte, hatten ihre Augen geleuchtet. Von seinem Vater indes hatte sie nie gesprochen. War es die Liebe des Sohnes über den Tod hinaus, seine Pflichtschuldigkeit oder Verachtung, dass er wie ehedem an jedem frühen Morgen zuallererst die Tageslosung las? So wie er nicht wusste, wann er Marie in seinem Herzen verankert hatte, so unzweifelhaft erkannte er sie von weitem an ihrem Gang. War er allein mit sich, hatte er im Nu jenes Bild vor Augen, wie sie ihr blondes Haar zurechtstrich, wenn der Nordwest mal wieder allzu brüsk über den Deich fegte und im Hafen die Schiffsflaggen im Wind knatterten. Oft sah er sie auf dem Fahrrad. Häufig auf dem Friedhof und wenn, so hatte sie immer Blumen dabei. Sommers wie winters hinterließ sie diese Farbtupfer auf den Gräbern ihrer Mutter und der Großmutter – Grüße aus dem Diesseits, die es geradezu verboten, Traurigkeit aufkommen zu lassen. Dennoch musste er bei Maries Anblick und dem der weithin leuchtenden Blüten weinen. Wenn Marie ihn sah, grüßte sie ihn munter. Oder sie winkte ihm zu.

Maries Großvater gehörte der „Friesenhof", ein gut gehendes Hotel am Ortseingang, das die Touristen mochten, weil es jene maritime Authentizität bot, die man im Stammbuch hat oder eben nicht. In der Familie hatte es immer Seefahrer gegeben; solche, die ohne Romantik unterwegs gewesen waren und von denen mancher ein nasses Grab fand; andere hatten sich als Fischer verdingt, die Plattfisch, Muscheln und Krabben fingen, aber zu oft allein vom Beifang leben mussten. Gemeinsam war ihnen die Salzwassertaufe. Und sie waren „Cliner"– stolz auf ihren anno 1730 gegründeten Sielort, dem Sophie Caroline, die Gattin des Fürsten Georg Albrecht von Ostfriesland, ihren Namen gegeben hatte. Als das Eiland Wangerooge Anfang des 19. Jahrhunderts vom Fremdenverkehr entdeckt wurde, fanden auch die ersten Gäste nach Carolinensiel, von wo sie sich mit Fährschiffen über das Wattenmeer auf die Insel bringen ließen. Aus jenen „Durchgangsgästen“ wurden sehr viel später Besucher, die allein das Nordseebad Carolinensiel zum Ziel hatten und mit ihnen entwickelte sich der Tourismus und zugleich das Bewusstsein für die gewachsene Historie. Maries Großvater, der viel von seiner seemännischen Herkunft zu berichten wusste, pflegte seine Heimatliebe und somit auch das Brauchtum seiner Vorfahren. In jeder freien Minute brachte er sich als Ehrenamtlicher für das Sielhafenmuseum ein und kümmerte sich mit Hingabe um seine betagten Schiffsmodelle, die jene Ära versinnbildlichten, in der Carolinensiel ein florierender Hafen und Umschlagplatz gewesen war. Als passionierter Schiffsmodellbauer hing sein Herz aber auch an den drei Votivschiffen in der Deichkirche. Da war zum einen die Brigg Venus, die auf das Jahr 1776 datierte, jenes Jahr, in dem das Gotteshaus entstanden war. Aber auch die Fregatte „Alje Mehrings“ aus dem Jahre 1921 hatte Geschichte, denn ihre Vorgängerin war aus der Kirche gestohlen worden. Erst als die Fregatte restauriert worden war, hatte sie eine stattliche Besegelung und überhaupt erst einen Namen bekommen – „Alje“, in Erinnerung an die Tochter eines Carolinensieler Kapitäns. „Zu Ehren Gottes“ war auch die Dreimastbark „Marie Emilie“ gestiftet worden. Weil sich Maries Großeltern im Angesicht der historischen Brigg „Venus“ das „Ja-Wort“ gegeben hatten, war es kein Zufall gewesen, dass sie ihr einziges Kind auf den Namen „Alje“ taufen ließen. Und seine Enkelin hatte zur Freude des Großvaters den Namen „Marie“ bekommen.

Er hatte hin und wieder für den Großvater von Marie gearbeitet. Mal hatte er sich um den weitläufigen Garten des Hotels gekümmert, mal mit angepackt, wenn es etwas zu renovieren gab. Er hatte zwar nie etwas Richtiges gelernt und galt als ein wenig sonderlich, aber im Ort war er dafür bekannt, dass er sich zum „Handlangern" nicht zu schade war. Als Pastor Bünting ihn bald nach dem Tod seiner Mutter gefragt hatte, ob er sich vorstellen könne, sich um die Pflege des Friedhofes an der Deichkirche zu kümmern, hatte er nur genickt und schon am nächsten frühen Morgen, wie an allen, die darauf folgen sollten, mit seiner schweigsamen Arbeit begonnen. „Deiner Mutter hätte es sicher gefallen, dass du dich so fleißig für die Gemeinde einbringst. Sie war eine gottesfürchtige Frau, nicht wahr?!", hatte Pastor Bünting ihn schon bald loben können und ihm dabei forschend in die Augen geblickt; in Augen, die den Seelsorger anrührten und ihn noch im selben Moment erschrecken ließen, denn er vermochte deren Leblosigkeit nicht zu deuten. So wie er wenig von ihm wusste, obschon er ihn seit dessen Kindertagen kannte, mithin ihm oft begegnet war. Immer hatte er den Jungen alleine im Dorf gesehen, zumeist war er auf seinem Fahrrad unterwegs gewesen – war von hier nach dort gefahren, stets, so hatte es den Anschein gehabt, ohne Ziel. Man sah ihn nicht in Eile, man sah ihn nicht lachen. Nicht anders hatte es sich verhalten, wenn der Junge, von dessen Vater keiner je etwas erfahren hatte, im Konfirmandenunterricht und sonntags mit seiner Mutter zum Gottesdienst erschienen war. All die Jahre hatten Mutter und Sohn rechts vom Altar gesessen – während der Junge, so glaubte Pastor Bünting, seinen Blick fest auf die Fregatte „Alje" gerichtet und die Mutter jede einzelne Predigt zu ihrer eigenen auserkoren hatte.

So wie der Geistliche wussten es vor allem die älteren Leute zu schätzen, dass er sich offenbar bald am liebsten in seiner Rolle als Friedhofsgärtner sah. Nie hatte der Kirchhof gepflegter ausgesehen. Alle Wege zwischen Gotteshaus und Glockenturm waren über das Jahr so akkurat geharkt oder gefegt wie sommers das umliegende Grün geschoren wurde. Im Herbst fand sich auf den Gräbern kein einziges Blatt, das zuvor in Begleitung von Regen und ungestümem Wind seine letzte Reise angetreten hatte. So unbefleckt zeigte sich auch die Grabstätte seiner Mutter, deren Steininschrift eine besondere Beziehung zwischen der Verstorbenen und ihrem einzigen Sohn vermuten ließ. „Ich will euch trösten, wie einen seine Mutter tröstet" (Jesaja 66,13), verhießen die goldenen, geschwungenen Lettern, die allzu aufwändig in den nachtschwarzen Leichenstein gemeißelt worden waren. Darunter in schlichteren Buchstaben ihr Name und unter ihm wiederum jener Platz, der dereinst für seinen Namenszug vorgesehen war. So hatte es seine Mutter schon lange vor ihrem Ableben bestimmt. Seine Mutter, die ihm bis zuletzt ihr alttestamentarisches Credo „Ich wartete des Guten, und es kommt das Böse; ich hoffte aufs Licht, und es kommt Finsternis" prophezeit hatte. Und so offenbarte sich ihm ihr mütterlicher Trost aus dem Jenseits tagtäglich als Verhöhnung, als ein alles vernichtender Pfuhl, der ihm Kraft und Atem raubte und der ihn auf die Knie sinken ließ. Allein der Anblick von Marie, die oft das benachbarte Grab ihrer Mutter besuchte, verhalf ihm in diesen Momenten zurück ins Leben. Wie fröhlich sie ihm erschien. Wie der Wind mit ihrem Haar spielte. Stets grüßte sie ihn und schenkte ihm ein aufmunterndes Lächeln – ein Lächeln, das ihre Augen einschloss, so als spürte sie seine Seelenpein. Kaum war sie fort, musste er weinen. Wie ähnlich sie ihrer Mutter sah. Eine Ähnlichkeit, die ihn wie nichts anderes aufwühlte und die sein Herz traf. Er versuchte sich nach diesen zufälligen Begegnungen mit Marie zu erinnern, wann alles angefangen hatte. Aber so sehr er auch grübelte, er wusste nicht, wann seine Zeit mit Alje begonnen hatte.

Und dann kam der Abend, als im Hafenbecken von Carolinensiel der Weihnachtsbaum aufgestellt werden sollte. Wie immer hielt er sich im Hintergrund, als der Frohsinn seinen

Höhepunkt nahm und die Kinder mit von Frost und Aufregung geröteten Wangen den Weihnachtsmann begrüßten. Inmitten des adventlichen Trubels entdeckte er Marie, die ihrem Großvater am Stand des Sielhafenmuseums Gesellschaft leistete. Und er sah die beiden Fremden an ihrer Seite. Die Stimmung war ausgelassen und Marie lachte. So hatte er sie noch nie gesehen. Und wie die beiden Männer sie ansahen! Und wie Marie die beiden Männer ansah!

Der folgende Tag begann für ihn mit einem Psalmenvers. „Die mit Tränen säen, werden mit Freuden ernten“ (Psalm 126,5) las er, bevor er sich frühzeitig zum Friedhof aufmachte. Es war Sonntag und er wollte noch vor den ersten Kirchgängern dort sein. Es zog ihn – wie immer – zuerst an das Grab seiner Mutter, doch auf dem Weg dorthin sah er Lichter, die ihre wärmenden Strahlen auf den Grabstein von Alje warfen. Nie zuvor hatte er es gewagt, am Grab seiner Mutter vorüberzugehen. Nie hatte sie ihn getröstet. Nie zuvor war er an Aljes Grab getreten, denn sie hatte ihn nie gewollt. Doch jetzt waren da diese drei Lichter, die ihm wie ein Fanal erschienen. Er hatte es doch erst am Morgen gelesen: Die mit Tränen säten, würden mit Freuden ernten. Ihn schauderte. „Nun aber bleiben Glaube, Hoffnung, Liebe, diese drei; aber die Liebe ist die größte unter ihnen“, durchfuhr es ihn und er ging, wie lange nicht mehr, mit festem Schritt. Er hatte ein Ziel.

Marie freute sich darauf, dieses Weihnachten mit ihrem Vater, ihrem Bruder und mit ihrem Großvater zu verbringen. „Ich habe jetzt eine Familie“, flüsterte sie, blickte auf die funkelnden Kerzen im Hafenbecken und genoss jenes wärmende Gefühl, dessen Intensität ihr förmlich unter die Herzenshaut fuhr. Eine kalte Klinge beendete das, was in seinen Augen nicht sein durfte. Es war das alte Unkrautmesser, mit dem er in seinen schlimmsten Nächten die Grabstätte seiner

Mutter malträtierte. Er würde es nicht zulassen, dass Marie den Weg ihrer und seiner Mutter gehen würde. Marie sackte zu Boden. Er hielt sie in seinen Armen, nahm den Duft ihrer Haare wahr und spürte die Wärme ihres Körpers. Vorsichtig entblößte er ihren Hals. Lange hatte er diese Kette bei sich getragen, die einmal Alje gehört hatte und die er jetzt Marie liebevoll umlegte. Die drei silbernen Anhänger, die ihn über die Jahre begleitet hatten, schimmerten matt. Wie oft hatte er das kleine Kreuz, das Herz und den Anker in seiner Handinnenfläche gewärmt und doch hatten die göttlichen Tugenden „Glaube, Liebe, Hoffnung" nicht ihm gegolten. Er hatte Alje das Schmuckstück an jenem Abend entrissen, als sie sich zufällig im Hafen begegnet waren und er ihr seine Liebe gestanden hatte. Alje hatte ihm zugehört und gesagt, er solle sich endlich von seiner Mutter befreien, solle sein Glück woanders suchen. Er hatte nach ihr gegriffen und sie war gefallen. Aber sie war schon zuvor gefallen. Wie seine Mutter hatte sie ein Kind geboren und wie sie entschieden, dass es keinen Vater haben würde. Langsam war Alje im Hafenbecken untergegangen – während in ihm Gewissheit und Freude aufgestiegen waren, ihr das Joch abgenommen zu haben, eine Mutter wie die seine zu werden. Marie hätte ihn verstanden, sie war doch immer so freundlich zu ihm gewesen. Und langsam und lautlos ließ er nun ihre Leiche in das dunkle Wasser gleiten – und mit ihr ihre Unschuld. Maries langes, blondes Haar legte sich wie ein Strahlenkranz um ihren Kopf, während die Lichter des Weihnachtsbaumes auf der Wasseroberfläche wie Kerzen flackerten. So schön hatte auch Alje ausgesehen. Er ging und weinte. „Setze mich wie ein Siegel auf dein Herz und wie ein Siegel auf deinen Arm. Denn Liebe ist stark wie der Tod und ihr Eifer ist fest wie die Hölle. Ihre Glut ist feurig und eine Flamme des Herrn, daß auch viele Wasser nicht mögen die Liebe auslöschen noch die Ströme sie ertränken …", flüsterte er.

Carolinensiel
Landkreis Wittmund

Namensgeberin von Carolinensiel war eine Fürstin: Sophie Caroline von Brandenburg-Kulmbach, Gattin des Fürsten Georg Albrecht von Ostfriesland. 1730 vergab der Fürst erste Parzellen des neugewonnenen Carolinengrodens an 23 Siedler, die sich rund um den neu angelegten Hafen niederließen – dort, wo die Harle auf den Deich traf. Bereits 1798 gab es rund 750 Einwohner in Carolinensiel, die sich in Landwirtschaft und Schifffahrt verdingten. 1776 wurde die Deichkirche erbaut – die auch Schifferkirche genannt

Die „Caroline" am Alten Hafen symbolisiert den „Cliner Wind" (links). Eine weitere Bronzefigur ist der „Utkieker van't Höft". Auch sehenswert: die Apotheke im Kapitänshaus des Sielhafenmuseums (oben).

wird, weil die Carolinensieler Schiffer sich verpflichtet hatten, die Baumaterialien für das Gotteshaus kostenlos nach Carolinensiel zu schaffen.

Ob seiner geschützten Lage – 1765 war die Friedrichsschleuse errichtet worden – entwickelte sich der Hafen zum wichtigsten im nördlichen Ostfriesland. Von hier aus steuerten kleine Frachtensegler Häfen in Nord- und Ostsee an und fuhren bis ins Mittelmeer. Die Schiffer exportierten unter anderem Getreide, Kartoffeln und Milchprodukte

Der schwimmende Weihnachtsbaum gehört zur Adventstradition von Carolinensiel.

Blick in den Innenraum der Deichkirche – das einzige Gotteshaus an der Nordseeküste, das direkt auf dem grünen Bollwerk steht.

und brachten Holz, Steine und Kolonialwaren mit. Seine Blütezeit erlebte der Hafen Mitte des 19. Jahrhunderts. Es gab drei Werften, die zwischen 1834 und 1884 immerhin 50 Schiffe vom Stapel ließen, und um 1860 waren hier 40 Kapitäne beheimatet, die 59 Schiffe ihr Eigen nannten. Auch arbeiteten viele Carolinensieler als Küstenfischer. Sie ernteten beispielsweise auf den großen Muschelbänken im Watt Miesmuscheln, die bis in die 1930er Jahre von J. U. Rösing, einer im Ort ansässigen „Conservenfabrik und Fischerei von Nordsee-Speisemuscheln und Nordseekrabben", verarbeitet wurden.

Mit der ersten Badesaison auf Wangerooge im Jahre 1804 kamen auch Urlauber nach Carolinensiel, denn die Fährschiffe nach Wangerooge und Spiekeroog legten von der

Friedrichsschleuse ab. 1888 erreichte der technische Fortschritt Carolinensiel, denn es wurde eine Eisenbahnanbindung geschaffen, die 99 Jahre währte. Allerdings lag der Bahnhof nicht im Ort, sondern im oldenburgischen Wangerland, denn die Bahnlinie folgte der legendären Goldenen Linie – 1666 als Grenze zwischen Ostfriesland und dem Großherzogtum Oldenburg festgelegt. 1890 wurde diese Bahnverbindung bis zum Fähranleger nach Harlesiel verlängert. Doch Carolinensiels Entwicklung zum Nordseebad begann – ob der Insel-Konkurrenz – erst ab 1953. Mit dem Bau eines neuen Deiches, des Schöpfwerkes und des Hafens in Harlesiel entstand auch ein Badestrand; Strandhalle, Campingplatz und Meerwasserfreibad folgten, 1980 kam ein Haus des Gastes an der Kurpromenade hinzu und 1983 erfolgte schließlich die staatliche Anerkennung als Nordseebad Carolinensiel-Harlesiel.

Wie sehr Carolinensiel, heute ein Ortsteil der Stadt Wittmund, von der Schifffahrt geprägt wurde, zeigt das Deutsche Sielhafenmuseum, das 1984 in „Mammens Groot Hus“, einem Kornspeicher aus dem Jahre 1840, eröffnet wurde. Indessen gehören auch die Alte Pastorei, das Kapitänshaus und der ehemalige Rettungsschuppen zum Museumsensemble, das viele maritime Exponate beherbergt und den Besuchern übers Jahr wechselnde Ausstellungen präsentiert. Nachdem in den Jahren 1986 bis 1990 die Friedrichsschleuse und der alte Hafen wiederhergerichtet wurden, ankern wie ehedem Plattbodenschiffe in Carolinensiel und lassen den Museumshafen aufleben, in dem einst der „Cliner Wind“ wehte. Seine Symbolfigur ist die bronzene „Caroline“, die überdies an die Namensgeberin des Ortes erinnert.

Blühende Farbstreifen am Horizont: Tulpenfelder in der Nähe von Carolinensiel.

Weiter zur Küste: das Flugzeug-Panorama des Hafens von Harlesiel.

Mohnblumenfeld in der Nähe des Galerie-Holländers von Carolinensiel. Die Deichmühle diente den Schiffen früher als Landmarke.

Horumersiel-Schilli

Désirée Warntjen

Wellenschläge

Noch bevor sie wieder Luft holen kann, rollt die nächste Welle über ihren Kopf hinweg. Eine Hand fasst Brittas Fuß, der im Stahlgitter steckt, tastet ihr Bein hinauf und umschließt fest und hart ihren Arm. Britta spuckt und atmet tief ein und aus und wieder ein. Neben ihr schießt Carolas Kopf aus dem Wasser, die Augen gerötet und entsetzt aufgerissen: „Der Mann ist da! Der gelbe Mann ist wieder da!"

Die Wellenmaschine bringt noch drei, vier mittelhohe Wellen zustande, dann steht sie still. Die Mädchen halten sich am Schutzgitter fest und suchen mit ihren Augen die weite Wasserfläche und die Grünanlagen ab, in denen sich gebräunte, sonnenverbrannte und blasse Menschen tummeln. Cindy und Bert singen in einem Transistorradio von „Spaniens Gitarren" und die Welt rund um das Meerwasser-Freibad hat bei allem Trubel und Gewirr etwas Friedliches.

„Dort ist er!", zischt Carola und dreht schnell ihren Kopf weg. Doch der Mann, der sein Handtuch vor einem Hagebuttenstrauch ausbreiten will, hat sie bereits entdeckt. Carola ist leicht zu erkennen. Ihr magerer 1,84 Meter langer Körper befindet sich größtenteils unter Wasser, aber ihr länglicher Kopf mit den langen, dichten, schwarzen Locken fällt selbst im Schwimmbecken auf.

Der Mann lässt seine Badesachen liegen und läuft auf sie zu.

„Weg hier!", ruft Britta und die Mädchen tauchen tief ab, schwimmen unter trägen Leibern und zwischen plantschenden Kindern hindurch und wagen es erst im knietiefen Wasser, aufzustehen. Sie hasten über die sonnenwarmen Steine zur Umkleidehalle, werfen ihre Bänder mit den Zahlenplaketten auf den Tresen und reißen der erstaunten Badefrau die Netzbügel aus den Händen.

In zwei nebeneinanderliegenden Kabinen am Ende des Ganges schließen die Mädchen sich ein und ziehen, ohne sich abzutrocknen, ihre Shorts und T-Shirts über. „Wir treffen uns beim Kiosk am Campingplatz", flüstert Carola durch das Loch in der Wand. In jeder Trennwand gibt es Löcher, und Ortskundige haben stets ein Kaugummi dabei, um sich besseren Sichtschutz gegen neugierige Blicke zu verschaffen. Manchmal bieten die Löcher aber auch den Vorteil, sich leise von Kabine zu Kabine unterhalten zu können.

Der gelbe Mann. Der gelbe Mann ist der Hauptverdächtige im Fall des tätlichen Übergriffes auf Kurt Oberpfeil. Gelb war eigentlich nur der Pullover gewesen, den er während der Tatzeit trug, aber da der Mann sich ansonsten durch keine besonderen Kennzeichen von anderen mittelgroßen braunhaarigen bartlosen Männern zwischen 30 und 40 absetzt, die es hier im Badeort zuhauf gibt, sprechen Britta und Carola vom „gelben Mann".

Bis gestern Mittag war die Welt im wangerländischen Horumersiel-Schillig noch in Ordnung. Die Sonne schien, wie sie es seit Wochen schon tat, auf die ziegelroten Dächer am Deich und die Segelboote im Hafen und auf das Meer der weißen Campingwagen in Schillig. Die Hochsaison war angebrochen, denn in Nordrhein-Westfalen hatten einige Tage zuvor die Sommerferien begonnen, und vor jedem Haus mit Gästezimmern baumelten jetzt die „Belegt"-Schilder. Trotz der Menschendichte gab es keine Hektik, und auch die Aufspülarbeiten im Deichvorland zwischen Horumersiel und Schillig gingen ganz gemächlich voran.

Die Sonne schien in der Mittagszeit auch in die Goldstraße und auf Kurt Oberpfeil, der vor seinem Spielwarengeschäft den Bordstein fegte. Er fegte ihn an diesem Tag zum dritten Mal, denn der kleine schwergewichtige Mann hielt sich gerne vor seinem Haus auf, um seine Umgebung im Blick zu haben.

Wie zum Beispiel diese Mutter mit ihren vier Söhnen, die nebeneinander herliefen, während es aus ihren Eiswaffeln auf das Pflaster tropfte. „Nun schauen Sie sich diese Sauerei an!“, schrie Kurt Oberpfeil und packte den kleinsten Jungen am Kragen. „Das macht ihr sofort wieder sauber!“

„Lassen Sie meine Söhne in Ruhe“, fauchte die Mutter und blitzte den Geschäftsmann so zornig an, dass er den Jungen tatsächlich losließ. Die Mutter zog ihre Söhne hinter sich her, doch zehn Schritte weiter drehten sich vier Köpfe noch einmal herum und der Blick auf vier ausgestreckte Zungen wirkte keineswegs beruhigend auf Kurt Oberpfeils Gemüt.

So lauerte er wie eine Spinne auf das nächste Kind.

Robin hatte beim Frühstück nicht einmal seinen Kakao trinken wollen. Für die Ferien in Horumersiel hatte er mächtig gespart, um im Spielwarenladen endlich die Steilkurve für seine Carrera-Bahn zu erwerben. Wer eine Steilkurve hat, ist auch mit neun Jahren so gut wie erwachsen. Und tatsächlich kam Carola ihr kleiner Bruder um mindestens zehn Zentimeter größer vor, als er vorausrannte, um so schnell wie möglich in den Besitz des heißbegehrten Bahnteils zu gelangen. Carola bummelte langsam hinterher, blieb vor einem Schaufenster mit Muschelschmuckkästchen stehen und probierte Sonnenhüte auf.

Plötzlich stand Robin vor ihr, weinend und aufgelöst. „Er hat gesagt, ich soll machen, dass ich wegkomme“, schluchzte ihr kleiner Bruder und drückte sein Gesicht an Carolas Bauch. „Ich hab ihm das Geld hingelegt und gesagt, dass ich die Kurve haben möchte, und da hat er mich angebrüllt und mich gestoßen und mein Geld auf den Bürgersteig geworfen.“

Carolas Wangen wurden rot vor Wut. „Warte hier, Großer", sagte sie.

Als sie in das Spielwarengeschäft trat, hatte sie sich bereits eine perfekte Rede zurechtgelegt. Doch der Laden war leer. Aus den hinteren Räumen hörte sie Geschrei, eine tiefe, cholerische Stimme, die wie Salven auf eine erregte Frauenstimme einzuschlagen schien.

„Meine Güte!" war alles, was Carola herausbrachte. Und sie war sich sicher, dass sie nicht die Erste war, die sich fragte, warum ein Mensch wie Kurt Oberpfeil einen Spielwarenladen betrieb.

Punkt 12.23 Uhr hatte Kurt Oberpfeils Blutdruck das Tageslimit erreicht. Nun durfte der Tag wieder in ruhigere Bahnen gleiten. Die geistigen Trophäen, die der Geschäftsmann im Laufe des Vormittags zusammengetragen hatte, bestanden aus einer Mutter mit vier ungezogenen Söhnen, einem rotzigen Lümmel, der scheinbar zu viel Taschengeld bekam und ohne elterliche Begleitung eigenmächtig Käufe tätigen wollte, und seiner in allem völlig unfähigen Ehefrau Rosemarie, der es selbst nach zweiundzwanzig Ehejahren nicht gelang, ihm endlich einmal etwas recht zu machen.

Jetzt saß sie wieder flennend in der Küche und ließ die Kartoffeln zerkochen.

Immerhin heulte sie, „also sieht sie es ein", murmelte Kurt Oberpfeil und lächelte zum ersten Mal an diesem Tag. Pfeifend stieg er auf die Trittleiter, um die neue Lieferung kleiner Seehunde mit echtem Seehundsfell im obersten Regal zu verstauen.

Dass jemand mit ausladenden Schritten in seinen Laden stürmte, sah er nur aus dem Blickwinkel. Doch das schwarzverdeckte Gesicht und die Pistole registrierte er sofort. Ein lautes Krachen ertönte, es polterte, Kurt Oberpfeil verlor die Besinnung. Zwei Mal noch traf ihn ein betäubender Schmerz am Kopf, und obwohl er nicht zu sich kommen konnte, war ihm doch klar, dass hier rohe Gewalt wütete und er ein hilfloses Opfer war.

Grete Janßen hatte in ihrem Vorgarten gerade die Hecke gewässert, als sie aus dem gegenüberliegenden Haus lautes Getöse und einen kurzen Schrei hörte. Sie stellte das Wasser ab, denn auch in dramatischen Situationen soll man einen kühlen Kopf bewahren und mit Sorgfalt und Bedacht handeln. Sie zog ihren Kittel aus und ging über die Straße.

„Herr Oberpfeil – Herr Oberpfeil!", rief sie – und da sah sie ihn liegen. „In seinem eigenen Blut", so schilderte sie es der Polizei und später auch allen Nachbarn, „er lag in seinem eigenen Blut, und das mitten in seinem eigenen Spielzeugladen!"

Ja, sie habe jemanden davonlaufen sehen – ein Mann war es gewesen, nicht sehr groß, nicht sehr klein, braune Haare, „er trug einen gelben Pullover und rannte, als wäre der Teufel hinter ihm her!"

„Rosemarie, die arme Rosemarie, die stand völlig unter Schock! Sie hielt das Telefon in der Hand, die Nummer der Polizei hatte sie auch gewählt, aber sie bekam kein Wort heraus. Da habe ich die Meldung durchgegeben."

„Dass so etwas bei uns passiert!", sagte Gretes Mann beim Abendessen. „In Hamburg würde es einen nicht wundern, aber hier bei uns – und dann auch noch mitten in der Saison!"

„Ja, Schatz, ich war auch völlig fertig", sagte Grete. „Ich war ja die Einzige, die alles mitbekam. Nur gut, dass ich noch das Wasser abgestellt hatte."

Doch Grete Janßen irrte sich. Es hatte noch eine weitere Zeugin gegeben: die große, schlaksige 15-jährige Carola, die der Spielzeugladen mit seinem bösen Besitzer völlig in den Bann gezogen hatte.

Während Robin mit den Eltern in der Fleischerei an der Deichstraße zum Mittag Bockwurst und Kartoffelsalat aß, hatte sie eine Ausrede gefunden, um noch einmal in die Goldstraße zurückzukehren.

Dort waren sie und der gelbe Mann sich fast in die Arme gelaufen. Er hatte sie packen wollen, doch Carola war schnell und konnte ihren Verfolger noch vor der Brücke über das Horumer Tief abhängen.

Carola war an der Fleischerei vorbeigerannt. „Jaja, die Mädels von heute, die versteh noch jemand!", kommentierte ihr Vater und die Mutter zuckte nur die Schultern. Robin überlegte, ob er Carola hinterhergehen sollte, aber an diesem Tag gab es die Aussicht auf ein Capri-Eis nach dem Essen und diese elterliche Gunst der Stunde musste genutzt werden.

Der Weg aus dem Dorf am Deich entlang zum Campingplatz nach Schillig dauerte länger als sonst. Carola hatte auf dem Deich laufen wollen, dann aber die Strecke über die aufgespülten Flächen auf der Wasserseite gewählt, um nicht wie ein Leuchtturm alle Blicke auf sich zu ziehen. Mehrmals sackte sie bis zu den Knien ein und immer wieder beschlich sie das Gefühl, beobachtet zu werden. Ihre Größe ärgerte sie, denn sie nahm ihr selbst inmitten der dunklen Matschwüste mit ihrer Berg- und Tallandschaft jegliche Chance, unauffällig voranzukommen.

Der Wohnwagen von Brittas Großeltern stand in zweiter Reihe. Britta lackierte sich die Fußnägel mit einem angebrochenen Lack, den sie beim Flohmarkt auf dem Altstadtfest in Jever für 20 Pfennig gekauft hatte. Der Lack gebärdete sich seiner langen Gebrauchsdauer entsprechend zäh und klumpte und schmierte derart, dass Britta dicke Zornesfalten auf der Stirn standen. Wie eine Erlösung erschien ihr deshalb die völlig verschwitzte Carola, die ihr atemlos entgegenkeuchte: „Du, ich werde verfolgt!"

Der Überfall auf Kurt Oberpfeil machte schnell die Runde und bot bis weit nach Mitternacht ausreichenden Gesprächsstoff in den Strandkörben und Kneipen, im Freibad und in den Cafés, auf den Gästeterrassen und den Decks der

Segelboote. „Stellt euch vor: der Mann, den wir am Spielzeuggeschäft getroffen haben, ist ganz schlimm verprügelt worden und liegt jetzt im Krankenhaus", berichtete die vierfache Mutter ihren Söhnen am Strand, nachdem sie sämtliche spekulative Einzelheiten des Überfalls von einer Handtuchnachbarin erfahren hatte. Die Jungen strahlten sie an, als hätte gerade jeder von ihnen den Siku Porsche 911 in der Streifenwagenversion bekommen.

Kurt Oberpfeil ging es nicht gut. Sein Kopf lagerte verbunden auf dem weißen Kissen und die Krankenschwester, die gerade seinen Blutdruck maß, mochte ihn nicht. Das störte ihn wenig, von Krankenschwestern hatte er noch nie viel gehalten und von Ärzten schon gar nichts.

Aber in ihm tobte der bittere Groll, nicht zu wissen, wer ihm das alles angetan hatte.

Er sei mehrfach verletzt worden, hatte man ihn wissen lassen. Und ihn gleich darauf gefragt, an was er sich erinnern konnte. Jetzt erinnerte er sich nicht einmal mehr daran, wer diese Auskunft von ihm haben wollte.

„Ich stand auf der Leiter und sah diesen maskierten Kerl, der hatte eine Pistole auf mich gerichtet, und dann fiel ich vornüber und er trat auf mich ein, ganz fest gegen meinen Kopf", hatte Kurt Oberpfeil wem auch immer geschildert. Rosemarie hatte dabeigesessen und seine Hand gehalten. Am frühen Abend schickte er sie nach Hause. „Ich habe Angst, was soll ich tun, wenn dieser Mann wiederkommt?", jammerte sie. Darauf konnte Kurt Oberpfeil seiner Frau keine Antwort geben.

Der Mann war um einiges größer gewesen als er selbst, und schmal und sein Gesicht war schwarz verhangen und da war noch etwas Gelbes am Fenster. Aber je mehr der Geschäftsmann sich anstrengte, die Erinnerungslücken zu schließen, umso heftiger schmerzte sein Kopf, und schließlich gab Kurt Oberpfeil es auf und schloss die Augen.

Rosemarie Oberpfeil hatte sich kaum ins Haus getraut. Die Spurensicherung war abgeschlossen, doch die Blutlache, inzwischen eingetrocknet, klebte auf dem Linoleum im Laden. Rosemarie Oberpfeil verriegelte die Türen und zog die Rollos in sämtlichen Zimmern herunter. Sie warf die verkochten Kartoffeln in den Mülleimer und den Topf gleich hinterher. Die Angst wich schlagartig einer unbändigen Wut. Das Wachstuch, seit immerhin sieben Jahren stummer Zeuge des Oberpfeil'schen Lebens und Leidens, wurde ebenso in den Eimer gestopft wie das Geschirrhandtuch und das Kartoffelschälmesser. Schließlich knallte Rosemarie Oberpfeil mit einem lauten Schrei mehrmals die teflonbeschichtete Bratpfanne auf den Spülrost, atmete schnaufend auf und brachte Abfall und Pfanne zum Mülleimer an die Hintertür.

Sie ging in den Laden, zog einen Zeichenblock aus dem Regal und einen roten Filzstift aus einem Etui, schrieb „Ich bin bei meiner Schwester! Frau Janßen hat die Adresse!" auf die erste Seite, legte den Block auf den Küchentisch, nahm ihre Handtasche, verschloss die Hintertür von außen und verließ die Goldstraße Richtung Hooksiel. Sie wusste, dass sie nie wieder in dieses Haus zurückkehren würde.

Wenn Rosemarie Oberpfeil nicht von ihren eigenen Gedanken abgelenkt gewesen wäre, hätte sie den beiden Teenagern, die an Grete Janßens Hecke lungerten, sicher mehr Aufmerksamkeit geschenkt. „Wir sollten das Haus über Nacht bewachen, Mörder kehren immer noch mal an den Tatort zurück", flüsterte Carola. „Quatsch!", sagte Britta. „Erstens lebt der olle Oberpfeil noch, zweitens solltest du zur Polizei gehen und denen eine Täterbeschreibung geben, und drittens gibt es richtig dicken Stunk, wenn ich nicht um neun im Wohnwagen bin."

„Lass uns trotzdem noch ein bisschen warten", bat Carola so flehentlich, dass Britta wieder auf das Haus starrte und kurz nickte. „Okay."

Das Warten lohnte sich. Eine Viertelstunde später bog ein grüner Opel Manta in die Einfahrt neben dem Spielwarenladen ein und der Mann im gelben Pullover stieg aus.

„Schau mal einer an!“, murmelte Carola. „LÜD – aus Lüdenscheid ist der Kerl und wohnt auch noch direkt neben dem Laden.“ Offensichtlich war der gelbe Mann Gast in der Pension „Siel-Nelke“.

„Der hat ja wohl Traute, noch wieder herzukommen!“ Carola schüttelte den Kopf. „Jetzt wissen wir aber, wo wir was über ihn erfahren können. Ich gehe erst zur Polizei, wenn ich alles über ihn weiß!“

„Wieso? Alles Weitere können die doch auch über ihn herausfinden“, sagte Britta.

„Hör mal“, zischte Carola, „der Kerl hat gesehen, dass ich ihn gesehen habe! Solange nicht klar ist, dass die sich ihn sofort schnappen, gehe ich kein Risiko ein!“

„Okay, versteh ich. Wo treffen wir uns morgen?“

„Um elf im Wellenbad!“

„Carola hatte recht!“, denkt Britta, während sie auf dem Deich entlang von Horumersiel nach Schillig zum Kiosk am Campingplatz läuft. Der Schreck, den gelben Mann im Wellenbad zu sehen, sitzt ihr in den Knochen. Außerdem kann sie jetzt sicher sein, dass der Kerl nicht nur ein brutaler Gewalttäter ist, sondern auch ein Verrückter. Wer sonst würde an einem Tag den Besitzer eines Spielzeugladens zusammenschlagen und am nächsten Tag bei helllichtem Sonnenschein und großem Publikum baden gehen?

Oder unterschätzt sie den Mann etwa? Vielleicht wollte er gar nicht schwimmen, sondern jenen Menschen finden, der ihn als Verbrecher überführen könnte? Und wo kann man besser auf Jugendliche treffen als im Wellenfreibad?

Britta wird mitten in der Mittagshitze eiskalt. Der gelbe Mann hatte nicht nur Carola wiedererkannt, er hatte auch gesehen, dass sie beide zusammengehören. Britta schaut sich um. Wäre ihr nicht so bange ums Herz, hätte sie den Rundumblick gewiss genossen. Graublau läuft das Hochwasser auf, während hinterm Deich die Weiden und Äcker sattgrün schimmern und die Gerste sich langsam in ein reifes Goldgelb verfärbt.

Ziellos fliegen einzelne Möwen über Wasser und Land.

Unten in der Kurve der Deichstraße liegt sonnenbeschienen das kleine Reitgehöft, und sogar vom Deich kann Britta die Buchstaben auf dem einladenden Schild am Scheunentor lesen: „Kinder, schön lieb sein und nicht streiten – kommt lieber zum Pony-Fahren und Reiten!“

Das Gehöft ist Robins erklärter Lieblingsplatz. Sobald die Mädchen seiner Gesellschaft überdrüssig sind, bringen sie Robin zu Tante Bärbel, die den Ponyhof führt und pferdebegeisterte Kinder zu fast jeder Tageszeit reiten lässt.

Gestern noch hatte Britta auf ihrem Weg in den Ort über die kleinen Reiter geschmunzelt. Heute wäre sie zu gerne unter ihnen, würde die Ponys striegeln und auf die Weide führen, den Pferdeduft gemischt mit der Salzluft tief einatmen, von großen Abenteuern träumen und sich vorstellen, wie aufregend es sein wird, wenn sie erst einmal richtig erwachsen ist. Es würde keinen ollen Oberpfeil mit lädiertem Schädel geben und keinen gelben Mann, der Waffen bei sich trägt und hinter Carola her ist und nun ganz sicher auch hinter ihr.

Ja, heute würde sie viel dafür geben, den Rest des Tages auf dem Ponyhof zu verbringen.

Mit 15 Jahren sind Carola und sie natürlich viel zu alt zum Ponyreiten. Carola ist ohnehin zu groß, und weil sie wegen ihres schnellen Wachstums auf ihren Rücken achten muss, soll sie erst einmal überhaupt nicht reiten. Carola geht mit diesem Verbot so um, wie sie mit allem umgeht, was ihr nicht passt: auf ihre Weise. Dass Carola darin eine sehr spezielle

Art entwickelt hat, konnte Britta bereits im vergangenen Sommer erfahren. Damals im August hatten Britta aus der nahen Kreisstadt Jever und Carola aus Bielefeld sich beim Paddeln auf dem Horumer Tief kennengelernt. Britta war mit ein paar Klassenkameraden und zwei Booten von einem Vater im VW-Bulli nach Horumersiel gefahren worden, um einen gemütlichen Paddelnachmittag auf dem Tief zu verbringen. Carola machte gerade Ferien mit ihrer Familie im „Strandhotel" und schiffte in ihrem eigenen Schlauchboot auf dem kleinen Fluss herum. Als ihr ein jeversches Boot zu nahe kam, entriss sie Brittas Freunden einfach das Paddel und warf es in hohem Bogen in die Böschung. Britta stand am Ufer und lachte über die verblüfften Gesichter der Freunde, dass ihr die Tränen über die Wangen liefen. Carola lachte mit, legte am Ufer an und fragte Britta, ob sie nicht zu ihr ins Boot steigen wolle. Seitdem waren sie Freundinnen.

Heute gibt es nichts zum Lachen, heute sind die Freundinnen in Gefahr. Unten auf der Deichstraße fährt ein Radler Richtung Schillig, dunkle Haare hat er und trägt einen gelben Pullover. Britta schaudert. Sie fühlt sich auf dem Deich sicher, von allen Seiten könnte man es sehen, wenn sie angegriffen würde. Das weiß sicher auch der Radler, denn er blickt nicht einmal zu ihr hoch, sondern tritt heftig in die Pedale und schaut nur geradeaus.

Am Kiosk wartet Carola schon, ihre Eltern haben sie und Robin fast bis zum Campingplatz mitgenommen und sind dann in die Störtebekerstraße abgebogen, um über Minsen nach Carolinensiel und Neuharlingersiel zu fahren und sich die Sielorte anzuschauen.

Robin löffelt sich versonnen zur Kaugummi-Kugel unten im Balla-Eis-Trichter durch, während Carola ungeduldig auf- und abwippt. „Und? Hast du einen Plan?", fragt Britta und legt gleich nach: „Ich glaube, ich habe den gelben Kerl vor zehn Minuten auf dem Rad in unsere Richtung fahren sehen." Carola hat sich eine Wollmütze aufgesetzt, tief ins Gesicht zieht sie sie nun. „Was soll das nützen?", fragt Britta, „dich Leuchtturm erkennt man doch sofort!"

Robin tippt mit seinem Plastiklöffel an Brittas Arm: „Caro sagt, ihr werdet gejagt!"

„Das stimmt", sagt Britta. „Weißt du, das ist wie bei Tom Sawyer und Huckleberry Finn: wir werden von Indianer Joe verfolgt, weil wir gesehen haben, dass er etwas Schlimmes getan hat!"

„Was hat er denn getan?", fragt Robin aufgeregt.

„Er hat den ollen Oberpfeil vom Spielzeugladen zusammengeschlagen."

Robins Mundwinkel ziehen sich von einem Ohr zum anderen: „Klasse!"

Eine Weile überlegt er. „Aber deshalb muss er doch nicht bestraft werden, oder? Ich meine, wenn ihr ihm sagt, dass ihr nichts sagt? Dann lässt er euch doch in Ruhe!"

„Das wissen wir nicht", sagt Carola. „Und außerdem war Britta gar nicht dabei."

„Trotzdem ist er jetzt hinter uns beiden her, weil er uns im Wellenbad zusammen gesehen hat", erklärt Britta. „Es ist sicher besser, wenn wir erst mal hier in Schillig bleiben und nicht mehr so viel in Horumersiel unterwegs sind."

„Wieso das denn? Gerade hast du doch gesagt, er sei mit dem Rad auch hierher gefahren", stellt Robin sachlich fest und lässt die Kaugummikugel aus dem Becher in seinen Mund rollen.

„Ich glaube, er ist angekommen", sagt Carola und zeigt auf blinkendes Blaulicht und einen Menschenauflauf am Parkplatz vor der Einfahrt zum Campingplatz.

Zwei Polizisten legen dem gelben Mann Handschellen an und schieben ihn in den Polizeiwagen, das Rad wird hinter das Kassenhäuschen gestellt. Genau in dem Moment, als der

VW-Käfer mit Blaulicht anfährt, entdeckt der gelbe Mann Carola und Britta. Er macht Anstalten, auf sie zu zeigen, doch seine Hände liegen fest auf seinem Rücken und seine Mundbewegungen sehen aus, als würde ein stummer Fisch sprechen.

„Na also!", sagt Britta und reibt sich die Hände. „Nun kommt er dorthin, wo er hingehört!"

„Genau!", ruft Robin. „Jetzt holen wir meine Cowboysachen und dann können wir Indianer Joe in den Dünen spielen! Britta ist Tom, ich bin Huck und Caro ist Indianer Joe!"

Carola verdreht die Augen, aber dann klopft sie Robin auf die Schulter: „Na dann mal los, Großer!"

Noch vor der Tagesschau ist es im Wangerland rum: Der gelbe Mann ist unschuldig.

Rosemarie Oberpfeil hat ein umfassendes Geständnis abgelegt.

„Kurt ist von der Leiter gestürzt. Ich hörte das Poltern und als ich ihn im Laden auf dem Boden liegen sah, da stellte ich mir vor, wie es wäre, wenn er nicht mehr da wäre. Und da wollte ich ihn nur noch umbringen." Mit der Teflonpfanne habe sie zugeschlagen. „Zwei Mal ganz kräftig. Die Pfanne ist dabei zerbeult, aber Kurt lebt immer noch. Er meckert die Ärzte an, ist grob zu den Schwestern, er bringt mich weiter zum Weinen. Dabei ist die Pfanne doch zerbeult! Ist das nicht verrückt?"

Kurt Oberpfeil geht es nicht gut. Seine Frau hat man in Gewahrsam genommen, sein Laden ist vorübergehend geschlossen, sein Schädel dröhnt unablässig. Seine uralte Erkenntnis, dass die Menschen zu dumm sind, um sich seine Freundlichkeit zu verdienen, hatte sich wieder einmal bestätigt. Obwohl Kurt Oberpfeil, den schweren Kopf im weißen

Kissen ruhend, inzwischen mehrmals und mit Nachdruck auf den bewaffneten Täter hingewiesen hatte, war keine weitere Fahndung mehr eingeleitet worden. Der zuständige Hauptkommissar hatte lediglich Genesungswünsche ausgesprochen und aufrichtig bedauert, dass der Laden mitten in der Saison geschlossen sei: „Meine vier Söhne haben sich immer so gerne Ihre Schaufenster angesehen!"

Nachts träumt Kurt Oberpfeil von der langen dunklen Gestalt und dem Revolver und jedes Mal zuckt er im Schlaf zusammen, weil er dann wieder von einer Leiter fällt.

Grete Janßen ist traurig. Ihre Nachbarin von gegenüber wird ihr fehlen. Manchmal denkt sie darüber nach, was geschehen wäre, wenn sie nicht das Wasser abgedreht hätte, sondern sofort hinübergelaufen wäre in den Laden. Wenn sie es gewesen wäre, die Kurt Oberpfeil am Boden liegend gefunden hätte. Wenn sie eine Bratpfanne in der Hand gehabt hätte. Sie kann es sich durchaus vorstellen, ein drittes Mal zugeschlagen zu haben. Wie gut, dass ihr kühler Kopf, ihre Sorgfalt und Bedachtsamkeit sie vor einer solch schrecklichen Tat bewahrt hatten.

Britta und Carola haben sich an das Schutzgitter vor der Wellenmaschine gehängt und lassen das Salzwasser über ihre Köpfe wogen. „Wenn ich in Bielefeld bin, schreibe ich dir sofort!", verspricht Carola zwischen zwei Wellen. „Ja, mach das, aber höre auf mit dem Wachsen!", sagt Britta und prustet, bis sie Wasser schluckt.

„Manchmal hat diese Größe aber doch auch Vorteile", sagt Carola. „Da kann man selbst Spielwarenfachverkäufer mit einer einfachen Cowboypistole fast zu Tode erschrecken!"

Britta schaut sie fassungslos an, doch eine Welle spült ihr alle Worte aus dem Mund, und Carola lässt sich forttreiben, lacht kurz auf und taucht ab.

Horumersiel-Schillig

Landkreis Friesland

Die Sturmflut in der Silvesternacht 1854/55 war schicksalhaft. Für Wangerooge, weil die Insel verwüstet wurde und dort so bald kein Feriengast zu erwarten war. Für Horumersiel-Schillig, weil der Kaufmann Gerd Carstens aus Wangerooge sein Augenmerk nunmehr aufs Festland richtete.

Er erhielt 1860 die Erlaubnis, eine Badeanstalt auf dem Schilliger Außengroden zu errichten. Seither avancierte das Badewesen dort zu dem, was Horumersiel-Schillig heute ist: eine der führenden Tourismusgemeinden an der niedersäch-

Auch an Wintertagen ein Erlebnis: der Sandstrand von Schillig (links). Markante Häuserzeile – das Hotel-Restaurant „Altes Zollhaus" mit der einprägsamen Adresse „Zum Hafen 1" (oben).

sischen Nordseeküste. Die Insulaner indes hatten ihre Zelte und Badekutschen gleich nach der Sturmflut nach Schillig geschafft. Der erste Bedarf für die Badegäste war gedeckt – vier Kutschen und zwei Zelte, so berichtete seinerzeit das Jeversche Wochenblatt, standen zur Benutzung bereit. Allerdings logierten die Gäste nicht in Horumersiel, sondern kamen beim Leuchtturmwärter oder bei Bauern unter.

Gerd Carstens, der auf Wangerooge als Kaufmann, Bäcker und Gastwirt tätig gewesen war, hatte mittlerweile auch die

Vom ewigen Wind getrieben: Dunkle Wolken bleiben nie lange über dem grünen Strand von Schillig.

Den Kopf frei bekommen – bei einem Strandspaziergang oder einer geführten Wattwanderung.

Konzession für eine Gastwirtschaft, die er in der Goldstraße baute; heute als „Villa Klock" bekannt.

Nachdem Wangerooge wieder für den Fremdenverkehr hergerichtet worden war, blieb Horumersiel Badeort – mit wachsendem Erfolg. 1900 gründete sich der Badeverein zur Förderung des Fremdenverkehrs und das Amt Jever überließ ihm daraufhin den Grodenstrand von Horumersiel bis Schillig. Es entstanden zeitgemäße Badeeinrichtungen und man ging in die Werbeoffensive. So meldete die „Bade-Zeitung und Kurliste" 1921, das Nordseebad Horumersiel-Schillig habe *„fast dieselbe Wirkung wie die Nordseeinseln und vor diesen, da kein Luxusbad, den Vorzug der Billigkeit.*" Zählte der Badeverein vor Ausbruch des Zweiten Weltkrieges noch 754 Dauergäste, so kamen Badebetrieb und Vereinsarbeit im

Krieg zum Erliegen. Erst ab 1949 ging es mit 2400 Übernachtungen weiter, 1952 waren es 14000 – in jenem Jahr übernahm die Gemeinde Minsen die Badeverwaltung – und 1955 verbuchte man 110000 Übernachtungen. Entsprechend wuchs der Bedarf an modernen Einrichtungen, und so fasste man 1962 den Entschluss, ein Dorfgemeinschaftshaus mit Mehrzweckhalle zu bauen. Daraus entstand das „Haus des Gastes“ samt Kursaal und Meerwasser-Hallenbad, in dem sich später auch die Wangerland Touristik niederließ; 1968 wurde dort überdies ein Meerwasser-Freibad gebaut, seit 1999 befindet sich an dieser Stelle die Friesland-Therme. Auch ein Kurmittelhaus wurde in Betrieb genommen (1978) – heute als Wangerland-Reha bekannt.

Als in den 1970er Jahren das Deichvorland zwischen Horumersiel und Schillig aufgespült wurde, ergab sich für den Fremdenverkehr erneut eine Chance: In bester Meereslage entstand ein Campingplatz, der bis heute als der größte an der niedersächsischen Küste gilt; ebenso war dort Platz für ein Kinderspielhaus, ein Sanitärgebäude und ein Panorama-Café. Alle Anstrengungen brachten Horumersiel-Schillig 1985 die Anerkennung als Nordseeheilbad – 125 Jahre nachdem das Badewesen seinen Anfang genommen hatte. Dass man weiterhin zukunftsweisend agiert, belegt die erneute Anerkennung als „Nordseeheilbad“ aus dem Jahre 2009.

Die Friesland-Therme Horumersiel bietet ein vielfältiges Angebot; dazu zählt auch das „Wellness-Studio Körperträume".

Fast wie ein Auto-Kennzeichen: der Kutter „HOR 1" im Hafen von Horumersiel.

„Zum Baden wohl geeignet ..." – heißt es seit mehr als 150 Jahren im Nordseebad Horumersiel-Schillig.

Hooksiel

Jutta Oltmanns

Bei Nacht und Nebel

Meine Lebenskraft schwindet und so nehme ich die Feder auf, um jene Ereignisse niederzuschreiben, die sich zugetragen haben, als ich ein junger Bursche von vierzehn Jahren war. Jeden einzelnen Umstand will ich festhalten, nichts soll verschwiegen werden, außer der genauen Lage des Schmugglergangs, denn es mag sein, dass er noch dienlich ist. Wenn ich meine Augen schließe, sehe ich die Kirche zum Heiligen Kreuz vor mir und beim Gedanken an das Grabgewölbe, in dem wohl immer noch die Knochen des Toten liegen, überläuft mich eine Gänsehaut.

Die Geschehnisse ereigneten sich im Jahre 1811, als das Jeverland unter der Herrschaft der Franzosen stand. Napoleon hatte mit der Kontinentalsperre die Nordseeküste für den Schiffsverkehr mit England gesperrt und Grenzwächter eingesetzt, um das Schmuggeln zu unterbinden.

Meine Eltern schickten mich damals zu einer Verwandten nach Pakens, einem Ort nicht weit von Hooksiel. Hilke Bartels, die verwitwete Schwester meiner Mutter, verdiente sich ihren Unterhalt mit Näharbeiten. Ich war ein schwaches Kerlchen und nach dem, was in der Allgemeinen Zeitung zu lesen stand, sollte Seeluft Wunder wirken.

Meine Tante bewohnte ein Haus in der Nähe der Kirche zum Heiligen Kreuz, die ich fortan jeden Sonntag besuchte. Wie in vielen mittelalterlichen Gotteshäusern befanden sich unter dem Altarraum zahlreiche Grabgewölbe. Seit Jahrhunderten lagen dort die Leichname der wohlhabenden Sippen. Obwohl das Gewölbe seit einigen Jahren zugemauert war, glaubte ich immer noch den Verwesungsgeruch im Kirchraum wahrnehmen zu können.

An jenem Tag, von dem ich berichten will, brach ich gegen Abend auf, um in Hooksiel eine Näharbeit abzugeben. Am Morgen hatte es geregnet und stark gestürmt. Auch jetzt noch jagte der Wind graue Wolken vor sich her. Er zerrte an meiner Kleidung und den Haaren. Der Weg war nicht weit und bald erreichte ich das Dorf. Bei dem Schulgebäude, dessen Dach einen Zwiebelturm mit Schlaguhr trug, klopfte ich und gab mein Bündel ab. Bis zum Abendbrot blieb mir noch Zeit und so streifte ich ziellos umher.

Schließlich fand ich mich am Hafen wieder, in dem eine große Zahl Boote vertäut lag. Die dazugehörigen Fischer, ich ging davon aus, dass sie es waren, standen beisammen und starrten auf das Wasser. Einer spuckte seinen Priem in die salzige Flut. Möwen schrien gegen den Wind, der immer noch heftig blies. Für einen Augenblick beobachtete ich das Spiel vereinzelter Sonnenstrahlen auf dem Wasser, wandte mich dann jedoch um und beschloss, den Heimweg nach Pakens anzutreten.

Tief in Gedanken schlenderte ich in der beginnenden Dämmerung dahin. Im schwindenden Tageslicht war es, als ob Schatten zwischen den Bäumen und Sträuchern hingen. Fröstelnd zog ich die Schultern hoch.

Dann, blitzartig, war ich von Nebel umhüllt. Nasse Kälte drang mir durch die Kleidung bis auf die Knochen. Innerhalb kürzester Zeit wurden die Schwaden so dicht, dass ich kaum mehr die Hand vor Augen sah. Vorsichtig setzte ich einen Fuß vor den nächsten, immer bemüht, auf dem Weg zu bleiben.

Als mich Verzweiflung überkommen wollte, hörte ich von fern Hufgeklapper und Räderrasseln. Eine Laterne schwang hin und her, und schließlich konnte ich schemenhaft ein Pferdefuhrwerk dahinter ausmachen. Ich sprang zur Seite, schrie und fuchtelte mit den Armen.

„Ho!“ Die Pferde kamen zum Stehen. „Junge, was um alles in der Welt hast du im dicksten Nebel hier zu suchen?“, fragte die tiefe Stimme des Pastors.

„Ich bin auf dem Weg zurück zu meiner Tante.“

„Du wirst bei diesem Nebel in einem der Gräben landen. Steig lieber auf.“

Wie geheißen, nahm ich neben der kräftigen Statur des Pastors auf dem Kutschbock Platz. Der Gottesmann trug einen dunklen Umhang und hatte die Mütze tief in die Stirn gezogen. Den Rest seines Gesichtes verbarg ein wollenes Tuch.

„Wollt Ihr nach Hooksiel?“, erkundigte ich mich erstaunt.

„Ich kann dich dort bei einem Gasthaus absetzen“, sagte er vage, schnalzte mit der Zunge und die Pferde zogen an.

„Meine Tante wird sich Sorgen machen, wenn ich nicht nach Hause komme.“

„Sie wird sich schon denken können, dass du bei diesem Nebel ein Unterkommen gesucht hast“, beruhigte er mich.

Nicht lange darauf hielten wir vor einem Haus, dessen Eingangstür vom schwankenden Licht einer Laterne erhellt wurde. Das Schild, auf dem der Name des Gasthauses stand, klagte im Wind. Es klang so unheimlich, dass mich ein Schauer überlief.

Mein Unbehagen legte sich, als wir die Wirtsstube betraten. Dankbar nahm ich die Wärme wahr, die mir entgegenschlug. Im Kamin prasselte ein munteres Feuer. Es roch nach Suppe, Pfeifentabak und heißem Grog.

Um einen runden Tisch in der Nähe des Kamins saßen vier Männer und spielten Karten. Ihre dunklen Ledermäntel hingen an Wandhaken. Ich zog ebenfalls meine nasse Jacke aus und hängte sie daneben. Dann setzte ich mich zu dem Pastor an den Tresen und grüßte freundlich den runden Wirt, der Krüge spülte. Mit seinem Haarkranz und dem feisten Gesicht war er einem Mönch nicht unähnlich.

„Hast den Burschen wohl im Nebel aufgegriffen", mutmaßte der Hausherr und nickte in meine Richtung.

„So ist es. Er kommt aus Pakens. Es sieht so aus, als ob er heute Nacht hierbleiben müsste."

„Verdammtes Pech aber auch."

Die beiden Männer wechselten einen Blick, den ich nicht deuten konnte. Der Wirt stellte eine heiße Milch vor mir auf den Tisch. Mit klammen Fingern umschloss ich den Becher und lauschte mit gespitzten Ohren den Geschichten der Kartenspieler über die Grenzwächter im Hafen und die Heldenstückchen der Schmuggler.

„Ich pfeife auf das ganze Franzosenpack", lallte einer der Männer und hob, wie zur Bekräftigung, seinen Becher. „Ein Hoch auf Kapitän Haje Hajunga, der selbst in dunkelsten Sturmnächten auf Helgoland kreuzt."

„Recht hast du, Pieter. Ohne ihn hätten die Frauensleute weder Tee noch Zucker und wir könnten unser Pfeifchen nicht stopfen", pflichtete ihm ein vierschrötiger Mann bei, dessen Kopf eine gefährlich rote Färbung angenommen hatte.

„Schon unter den Holländern mussten wir fast alles abliefern, was gefischt wurde. Doch seit der Franzmann Herr im Land ist, bleibt uns rein gar nichts mehr", stellte der Dritte im Bunde fest und trank darauf noch einen Rum.

„Der Aufpasser, den sie uns hier in Hooksiel vor die Nase gesetzt haben, ist ein besonders schlimmer Hund. Er und seine Leute haben in der letzten Woche acht Männer aufgegriffen, die englische Waren ins Binnenland bringen wollten. Denkt euch nur, keiner von ihnen lebt mehr und das Schmuggelgut ist verschwunden." Der Rotgesichtige warf einen vorsichtigen Blick zum Eingang, als erwarte er, den Franzosen dort auftauchen zu sehen.

Ich schreckte zusammen, als sich tatsächlich eine Tür öffnete. Sie befand sich hinter dem Tresen und schien ins Innere des Hauses zu führen. Eine junge Frau betrat den

Schankraum. Sie wirkte erregt, grüßte rasch und flüsterte dann dem Wirt einige Worte ins Ohr. Dieser riss erschrocken die Augen auf, nickte, winkte dem Pastor und sie verschwanden. Zögernd stand ich auf und folgte den Männern.

„Sie haben ihn in meine Kammer getragen", sagte die Frau.

Wie von unsichtbaren Fäden gezogen, betrat ich den Raum, in den die drei entschwunden waren, und stand gleich darauf vor einem großen Eisenbett, auf dem wie leblos ein Mann lag. Sein Gesicht war hager und zerfurcht. Lockiges Haar fiel ihm auf die Schultern. Was meine Aufmerksamkeit aber am meisten erregte, war der breite Verband, den er um die Brust trug.

„Verdammt!", fluchte der Wirt. „Ist er schwer verletzt?"

„Ein Streifschuss. Ich habe ihn, so gut es ging, verarztet, Vater. Wir müssen ihn hier wegschaffen. Ihr beide könnt ihn tragen. Ich werde euch leuchten."

Der Wirt schüttelte den Kopf. „Geh in den Schankraum zurück, Mädchen. Alles andere wäre zu auffällig. Du weißt ja, was heute Nacht auf dem Spiel steht."

Jetzt erst schien er auch mich zu bemerken. Er spitzte den Mund. Ich konnte förmlich sehen, wie es hinter seiner Stirn arbeitete.

„Was ist mit dem Jungen? Kann er uns nicht helfen?" Die Frage war an den Pastor gerichtet.

„Es wäre schändlich, ihn in die Sache zu verwickeln. Er ist doch noch ein Kind."

„Komm her, Söhnchen." Der Wirt winkte mich zu sich. „Der Mann dort, das ist Kapitän Haje Hajunga. Die Franzosen hätten ihn um ein Haar geschnappt. Er hat versucht, sie abzulenken, auf eine falsche Fährte zu locken, um uns den Weg freizuhalten. Es ist geglückt, aber der Preis ist hoch."

Ich starrte auf den Verletzten, aus dessen Verband Blut sickerte. „Die Franzosen durchkämmen alle Häuser auf der Suche nach ihm. Wir müssen ihn verstecken, verstehst du?"

„Was kann ich tun?"

„Da, nimm die Laterne und leuchte uns."

Ich runzelte die Stirn, doch die beiden Männer beachteten mich nicht weiter. Sie legten den Verletzten rasch auf eine Bahre und nahmen diese auf. Dann folgten wir der jungen Frau, die uns in den rückwärtigen Trakt des Gasthauses brachte. Vor einem hohen Schrank blieb sie stehen, öffnete die großen Türen und schob einige Kleidungsstücke beiseite. Statt einer Rückwand sah ich Treppenstufen, die in die Tiefe führten.

„Dort hinunter müsst ihr", flüsterte die Frau mir zu.

Ich nahm die Laterne fest in die Hand und ging voran. Die beiden Männer hinter mir ächzten unter ihrer schweren Last. Die Schranktüren hinter uns schlossen sich und es wurde dunkel. Als die Stufen endeten, sah ich im flackernden Licht der Laterne einen Gang vor uns liegen, an dessen Ende uns gähnende Schwärze empfing. Die Wände und die gewölbte Decke waren aus Stein gemauert, Spinnweben schlugen mir ins Gesicht und in den rissigen Fugen wucherte Moos. Ein modriger Geruch umgab uns und verursachte mir Übelkeit. Ich biss die Zähne zusammen.

„Hör zu, mein Junge. Es gibt hier unten nichts, vor dem du dich fürchten müsstest", keuchte der Wirt, der mein Unbehagen zu spüren schien.

Schritt um Schritt tasteten wir uns voran. Leises Plätschern drang an meine Ohren. Wasser umspülte meine Füße und mehrmals wäre ich auf dem glitschigen Boden fast ausgerutscht. An einigen Stellen wurden die Wände und Decken von hölzernen Bohlen gestützt, die jedoch, durch die Feuchtigkeit wohl morsch geworden, eingebrochen waren. Manchmal konnte ich trippelnde Geräusche hören und leises Pfeifen.

„Verdammte Ratten“, schnaufte der Pastor. Die Nackenhaare stellten sich mir auf. Es kostete mich einiges an Überwindung, den nächsten Schritt zu tun. Doch dann, endlich, sah ich vom fernen Ende des Stollens ein schwaches Leuchten. Fast atemlos schritt ich darauf zu. Der Gang mündete in einen gewölbten Raum, der vollgestopft war mit Kisten und Fässern. An Wandhaken hingen Laternen mit Kerzen, deren flackernder Schein das Gewölbe in unheimliches Licht tauchte. Gegenüber dem Stolleneingang befand sich eine kaum sichtbare Tür.

„Mach mal Platz dort, zwischen den Kisten“, wies mich der Wirt an.

Nachdem ich tat, wie geheißen, ließen sie die Bahre mit dem Verletzten vorsichtig sinken. Der Kapitän schien immer noch ohnmächtig zu sein, denn er rührte sich nicht.

Gemurmel und Plätschern drang an meine Ohren.

Erschrocken zog ich den Wirt am Ärmel. „Was ist das?“

„Unsere Männer. Sie vertäuen die Boote.“

Bald darauf öffnete sich mit leisem Knarren die Tür. Herein kam eine Handvoll verwegener Burschen, die allesamt dunkel gekleidet und schwer beladen waren. Beim Anblick des Verletzten weiteten sich angsterfüllt ihre Augen.

„Es ist keine Zeit, Maulaffen feilzuhalten!“ Der Wirt scheuchte die Männer wieder nach draußen. „Du auch“, rief er mir zu und schob mich hinaus.

Der Nebel hatte einen Schleier über den Hafen gelegt. Lautlos schlich ich mit den anderen zu den vertäuten Booten, die unter ihrer Last tief im Wasser lagen. Wir schleppten Fässer und Kisten, Truhen und Säcke zum Gewölbe, bis schließlich alles verstaut war.

„So, das wäre geschafft.“ Mit vor Anstrengung rotem Gesicht schloss der Wirt mit einem Ruck die Tür.

„Und nun?“, fragte einer der Männer und nickte zur Bahre.

„Meine Tochter wird sich um ihn kümmern, sobald ich

wieder in der Wirtsstube bin. Lasst uns rasch die Waren ins Haus bringen und auf das Fuhrwerk laden. Danach könnt ihr euch allesamt an einem Rumgrog laben."

Wie gesagt, so geschah es. Nach vollbrachter Plackerei saß ich mit den Schmugglern vor einem heißen Getränk. Es war mittlerweile schon später Abend und die Zecher verschwunden. Mich selbst überkam nach der ungewohnten Anstrengung eine tiefe Müdigkeit. Ich konnte die Augen kaum offenhalten. Der Wirt wies mich an, meine wollene Jacke überzuziehen und holte einige Decken. Dann bedeutete er mir, mich auf eine Bank hinter der Theke zu legen. Ich tat wie geheißen und schlief sofort ein.

Ein ungeheurer Lärm, wie von zersplitternden Krügen und umstürzenden Stühlen, weckte mich. Ich riss erschrocken die Augen auf.

„Da bin ich euch Lumpenpack also endlich auf die Schliche gekommen", krächzte eine Stimme. *„Mieux vaut tard que jamais!** Das wird mir der Kaiser lohnen."

Ich richtete mich auf, glitt leise von der Bank und lugte über den Tresen. Fast drängte sich mir ein Schrei auf die Lippen. Vor den Schmugglern, eine geladene Pistole in der Hand, stand ein Mann, wie ich fürchterlicher noch keinen gesehen hatte. Er war bleich wie Talg und trug eine Narbe quer über das Gesicht. Seine Augen waren nicht mehr als schmale Schlitze, aus denen blanker Hass hervorschoss. Die Uniform, feucht vom Nebel, klebte an der hageren Gestalt und das Haar hing in dünnen Strähnen herab. Einzig die silbernen Knöpfe glänzten im flackernden Licht der Lampe. Ich duckte mich rasch, als er in meine Richtung blickte.

„Morden ist etwas Schönes, wenn man es für die richtige Sache tut. Es braucht dazu einen ganzen Mann. Ich habe

---

* *franz.: „Besser spät als nie!"*

schon vielen das Licht ausgeblasen und ihr werdet die nächsten sein. *Qui sème le vent récolte la tempête.*“ *

„Es ist Sünde. In der Bibel steht geschrieben: Du sollst nicht töten!“ Das war die Stimme des Pastors.

„Die Bibel, pah! Napoleon hat beschlossen, dass der Handel mit den Engländern Verrat ist und den Tod fordert. Sein Wort ist mir Bibel genug.“

Der Kerl schien sich in dem Entsetzen der vor ihm stehenden Männer zu sonnen. Er stolzierte auf und ab und rühmte sich seiner boshaften Taten. Aus dem Gesicht des Franzosen blickte der reine Teufel. Abscheu regte sich in mir.

Vorsichtig spähte ich wieder über den Tresen und mein Blick kreuzte den des Wirtes. Er nickte zum Kamin. All meinen Mut zusammennehmend, schlich ich geduckt an die Feuerstelle heran, griff nach dem Schürhaken und stürzte tollkühn auf den Schurken zu.

Im gleichen Augenblick wandte der Franzose sich um, fletschte die Zähne wie ein Raubtier, sprang vor und schlug mir die Waffe aus der Hand. Seine knochigen Finger krallten sich in meinem Haar fest. Ich versuchte mich aus seinem Griff zu befreien, doch mein Widerstand erlahmte und Entsetzen packte mich, als ich den Lauf seiner Pistole an meiner Schläfe spürte. Mein letztes Stündlein hatte geschlagen, dessen war ich mir gewiss.

„*Bâtard!*“, zischte der Franzose.

In der lähmenden Stille war nur mehr das Schluchzen der Wirtstochter zu hören. Mein Herz ging wie ein Schmiedehammer. Jeder Atemzug brannte wie Feuer in der Lunge. Ich sank in mich zusammen.

„Kein Mumm in den Knochen, diese halbe Portion“, höhnte mein Peiniger.

* *franz.: „Wer Wind sät, wird Sturm ernten.“*

Ich spürte, wie sein Griff sich lockerte. Beherzt schnellte ich hoch. Der Pistolenlauf glitt von meiner Schläfe. Ich schnappte nach dem Arm des Schuftes und biss zu. Meine Zähne drangen durch Hautschichten, bis sie auf Knochen trafen. Blut rann über mein Gesicht. Der Franzose schrie auf und die Waffe entglitt seiner Hand. Ich löste meinen Biss, ließ mich zu Boden fallen und tastete nach der Pistole. Für einen Augenblick rangen wir miteinander, glitten kreuz und quer über die hölzernen Planken des Bodens. Dann hielt ich die Waffe in Händen, richtete sie auf die Bestie und feuerte.

Der Hammer fiel. Es blitzte auf und krachte. Der Franzose zuckte krampfhaft zusammen, und ich sah durch den abziehenden Rauch, wie er sich an die Brust griff. Höllenqualen lagen auf seinem Gesicht, und noch eh der Schuss verhallt war und ich meinen Entsetzensschrei ausgestoßen hatte, lag er ausgestreckt am Boden. Die Pistole entglitt meinen Fingern, ich robbte näher heran und zerrte an der Uniformjacke des Mannes, doch er rührte sich nicht mehr. Die Holzdielen färbten sich rot.

Als ich begriff, was geschehen war, drohten mir die Sinne vor Schwäche und Entsetzen zu schwinden. Mit aller Willenskraft versuchte ich, die Ohnmacht abzuwehren, gegen die erstickende Dunkelheit, die über mir zusammenzuschlagen drohte, anzukämpfen. Ich ballte die Hände, spürte noch, dass etwas Hartes, Rundes in meine Haut schnitt, dann wurde mir schwarz vor Augen. Arme umfingen mich, bevor ich endgültig in die Leere versank.

Ich schien auf weichen Wolken durch riesige Räume zu schweben. Bunte Feuerfunken stoben an meinen Augen vorbei. Ich wusste, es waren Himmelslichter und ich auf dem Weg zur Sonne. Doch als ich die Wolkendecke fast erreicht hatte, drang Gläserklirren an meine Ohren. Mein Traum löste sich auf. Ich öffnete die Augen und sah, dass es Tag war.

Mit einem Mal begann mein Herz zu rasen. Die Ereignisse der Nacht standen mir wieder deutlich vor Augen. Wie unter Zwang erhob ich mich von meinem Lager auf der Bank und blickte zu der Stelle, wo der tote Körper gelegen hatte. Meine Augen glitten über die Dielenbretter, die rot von Blut gewesen waren, doch ich sah nichts. Mein Mund fühlte sich ausgedörrt an.

Der Wirt, der mein Tun scheints beobachtet hatte, trat neben mich. Er wünschte einen allerbesten guten Morgen, sah mir dann geradewegs ins Gesicht und fragte: „Was hast du?"

„Der Franzose..."

„Hier ist kein Franzose, mein Junge. Es ist alles gutgegangen gestern Nacht. Gott sei es gedankt. Der Pastor müsste mit dem Fuhrwerk schon halbwegs am Ziel sein und dem Kapitän geht es auch besser."

Ich schüttelte den Kopf. Heller Sonnenschein drang durch das Fenster in die Wirtsstube und ließ allein meine Vermutung über das, was in dieser Schänke geschehen war, lächerlich erscheinen.

„Du hast einen schlechten Traum gehabt", stellte der Wirt fest.

„Muss wohl", sagte ich erleichtert.

„Unsere Schmuggelei und der unterirdische Gang ... Wirst du es für dich behalten können?"

Ich sah ihm fest in die Augen und nickte.

„Ein prächtiger Bursche bist du und mutig noch dazu. Ich werde dir jetzt ein angemessenes Frühstück bereiten und dich später nach Hause begleiten, um deiner Tante alles zu erklären."

Es dauerte einige Tage, bis ich mich von meinem Abenteuer erholt hatte. Als meine Tante und ich sonntags darauf die Kirche besuchten, sah ich auch den Pastor wieder. Er nickte mir zu, bevor seine Füße die Kanzel erklommen.

Wurde meine Aufmerksamkeit anfangs noch von seiner Predigt gefesselt, so lenkte mich doch bald ein modriger Geruch ab. Ich war mir ganz sicher, dass er diesmal nicht meiner Einbildungskraft entsprang, denn auch andere Gemeindemitglieder rümpften die Nase. Der Pastor jedoch schien nichts zu bemerken und fuhr ungerührt mit seiner Predigt fort.

Eine Woche später bestieg ich eine Mietkutsche, die mich wieder heimwärts fahren sollte. Nach der Kälte und dem Nebel hatte der Herbst warme Tage für uns bereitgehalten, und so schlüpfte ich erst jetzt wieder in meine wollene Jacke. Ein letztes Winken, das der Tante galt, dann ließ ich mich seufzend auf die Bank sinken. Schwerfällig setzte die Kutsche sich ratternd in Bewegung. Nach einer Weile fiel ich in einen unruhigen Schlaf.

Als ich erwachte, war schon ein gutes Stück der Reise geschafft. Ächzend reckte ich die steifen Glieder. Bald würden wir Rast machen. Ich schob meine Hand in die Jackentasche, um nach der Geldbörse zu tasten. Meine Finger fanden den Beutel, stießen aber außerdem noch auf ein anderes rundes Utensil. Neugierig brachte ich den Gegenstand zutage. In dem Augenblick, da ich die Faust öffnete, um meinen Fund zu betrachten, ließ ein Windstoß die alten Ledervorhänge zur Seite flattern. Ein verirrter Sonnenstrahl fiel auf das silberne Kleinod und brachte es zum Glänzen. Wie versteinert starrte ich darauf und wusste im selben Moment, was meine Finger in jener unheimlichen Nacht, einen Herzschlag vor meiner Ohnmacht, umschlossen gehalten hatten. Es war der Knopf einer französischen Uniform.

Ich habe den Küstenort niemals wiedergesehen. Keine zehn Pferde hätten mich dorthin zurückbringen können. Manchmal jedoch, in den schlimmsten Träumen, die mich heimsuchen, wanke ich durch dichten Nebel und höre die krächzende Stimme des Toten, der mich verflucht.

Hooksiel

Landkreis Friesland

Hooksiel gehört zur Gemeinde Wangerland, hat rund 2150 Einwohner und kann das Prädikat „Nordseebad" aufweisen. Anno 1479 wurde Hooksiel erstmals als „uppe dem Hoeke" urkundlich genannt. Seit 1546 lässt sich am Hooksieler Tief ein Sielbauwerk mit einem Hafen nachweisen, der mit der Zeit zu einem wichtigen Umschlagplatz für die Kaufmannsstadt Jever und das Jeverland avancierte. Dass die Schifffahrt in der Entwicklung des Küstenortes eine bedeutende Rolle spielte, erklärt auch den Segler auf bewegtem Meer im Wap-

Idyllisch liegt der historische Hafen von Hooksiel (links). Renaissance trifft Romantik: Burg Fischhausen ist drei Kilometer nördlich von Hooksiel zu finden (oben).

pen von Hooksiel. Eine Blütezeit der besonderen Art erlebte der Hafen in der napoleonischen Ära, als von 1806 bis 1814 eine Kontinentalsperre verhängt worden war: Hooksiel wurde zum Schmugglernest und seine Bewohner machten gute Geschäfte. Zwei bis drei Schiffe löschten täglich – im Schutz der Nacht – illegal ihre Waren. Und auch Mitte des 19. Jahrhunderts florierte der Hafen: 372 Schiffsankünfte und -abfahrten registrierte seinerzeit der Gemeindevorsteher Wenckebach.

Im Strandkorb lässt sich die Zeit gleich noch mal so schön genießen.

Die maritime Tradition ist bis heute lebendig geblieben: Landseite des Sielbauwerks am Hooksiel-Kanal.

Steinerne Zeugen jener Zeit sind unter anderem drei Speicher- und Packhäuser am alten Hafen, die auf das Jahr 1821 datieren. Zum historischen Ortskern gehört aber auch die Siellaterne von 1837, die von einer Wetterfahne und einer Windrose gekrönt ist und so manchem Seefahrer heimleuchtete.

1885 wurde das Holzsiel durch ein Steinsiel ersetzt, das bis heute existiert. Doch als die Tiefs am Ende des 19. Jahrhunderts ihre Aufgabe als Transportwege verloren und an der Küste die Eisenbahn den Gütertransport übernahm, verlor der Hooksieler Hafen an Bedeutung. Stattdessen kam die Fischerei auf; bis heute gibt es noch einige Kutter für Krabben- und Muschelfang, die ihre Liegeplätze im neuen Außenhafen haben. Dort ist auch seit 1994 der

Seenotrettungskreuzer „Vormann Steffens“ der Deutschen Gesellschaft zur Rettung Schiffbrüchiger stationiert.

1911 gründete sich ein Badeverein und erste Angebote – wie eine Badestelle – wurden realisiert. Als in den 1970er Jahren das Wattgebiet vor Hooksiel eingedeicht wurde, entstand dort eine große Fläche, die touristisch genutzt werden konnte: eine Trabrennbahn, auf der regelmäßig die Hooksieler Renntage stattfinden, Tennisplätze, Reit- und Wanderwege, ein Campingplatz und ein Sandstrand wurden eingerichtet. Zwischen dem alten Hafen und dem neuen Außenhafen wurde überdies das große „Hooksmeer“ geschaffen. Indessen hat der Ort auch ein „Haus des Gastes“, ein Meerwasser-Hallenbad und einen Wasserskilift.

Im ehemaligen Rathausgebäude findet sich heute das Künstlerhaus Hooksiel – schon von weitem zu sehen ist der hübsche Zwiebelturm, der eine vergoldete Wetterfahne mit einem Lutherschwan trägt, die aus dem Jahre 1760 stammt.

Die strandnahe Trabrennbahn von Hooksiel zieht in den Sommermonaten Tausende von Besuchern an.

„Vormann Steffens" heißt der Hooksieler Rettungskreuzer der DGzRS nach einer Neuharlingersieler Familie, die seit 1873 Vormänner hervorbrachte.

Nach den Eindeichungen wurde aus dem Hooksiel ein Binnensee mit Schleuse zum Meer.

Die Autoren

Silke Arends ist seit vielen Jahren als Redakteurin (Ostfriesland Magazin) und Autorin tätig – zweimal sind die Reportagen der Ostfriesin mit einem Journalistenpreis ausgezeichnet worden. Neben „Ostfrisica" hat Silke Arends auch „Literarisches" und „Kindgerechtes" veröffentlicht – so stammt beispielsweise das Kinderbuch für alle Lebensalter „Klabautermann und die verschwundenen Kapitänslöffel" aus ihrer Feder. Dass sie sich nun auch dem Genre „Kriminalistisches" widmet, hat mit der Faszination Mensch zu tun. Und da sie überdies einen Hang zum Meer hat, kommt auch ihre Publikation „Das Seenotretterkochbuch" nicht von ungefähr. Silke Arends ist in Emden und Hamburg zu Hause. Mehr über die Autorin unter: www.ilsebill-verlag.de.

Bernd Flessner, geboren 1957 in Göttingen, studierte Germanistik, Theaterwissenschaft und Geschichte in Erlangen. Der Schriftsteller, Publizist und Zukunftsforscher unterrichtet am Department Germanistik und Komparatistik der Universität Erlangen-Nürnberg. Er schreibt u. a. für die Neue Zürcher Zeitung, das „Kursbuch" (Die Zeit), für Zukünfte, mare – Die Zeitschrift der Meere und das Ostfriesland Magazin. Letzte Veröffentlichungen: „Knochenbrecher", Krimi, Leer 2007; „Geheime Codes und verschollene Schätze. 20 (un)gelöste Rätsel der Menschheit", Weinheim/Basel und Mannheim 2008; „Die Krummhörn. Ostfrieslands Charakterkopf", Norden 2008; „Wiegand Wattwurm. Neue Abenteuer auf Töwerland", Norden 2010. Außerdem erschienen von ihm seit 1977 vier Kinderbücher mit „Lükko Leuchtturm". Bernd Flessner erhielt 2007 den Utopia-Literaturpreis der „Gesellschafter" (Aktion Mensch). Weitere Informationen unter: www.bernd-flessner.de.

Lübbert R. Haneborger, geboren 1970, studierte Germanistik, Kunst und Soziologie an der Carl von Ossietzky Universität in Oldenburg. Ende 2004 promovierte er am dortigen kulturwissenschaftlichen Institut mit einer Forschungsarbeit zur Entstehung und Entwicklung der Bildform des Berner Hyperrealisten Franz Gertsch (betitelt „Aus nächster Ferne"). Der Redakteur des Ostfriesland Magazins lebt und arbeitet – unter anderem als Sachbuchautor und Verfasser und Illustrator der Kinder-Kunstkrimi-Reihe „Leocardio & Domec“ – in Ostfriesland. Weitere Informationen unter: www.leocardiounddomec.de.

Jutta Oltmanns wurde 1964 in Ostfriesland geboren. Sie arbeitet bei der Wasser- und Schifffahrtsdirektion Nordwest in Aurich im Verwaltungsbereich. In ihrer Freizeit schreibt sie – nicht zuletzt für ihre beiden Söhne – Kurzgeschichten und Gedichte auf Hoch- und Niederdeutsch sowie historische Romane. Ihr neuestes Buch „Das Geheimnis der Inselrose“ erschien im März 2010 im Heyne Verlag. Jutta Oltmanns lebt mit ihrer Familie in Warsingsfehn/Ostfriesland. Weitere Informationen unter: www.jutta-oltmanns.de.

Manfred Reuter, Jahrgang 1957, stammt aus der Eifel und arbeitet als Redakteur beim Ostfriesischen Kurier auf Norderney. Er ist verheiratet, hat drei Kinder und lebt in einem kleinen Ort in der Nähe von Aurich. Ausbildung zum Redakteur in Aurich/Ostfriesland und an der Akademie für Publizistik in Hamburg. Weitere Stationen in Köln, Oldenburg, Münster, Bremen und Trier. Reuter ist Mitglied in der Krimiautoren-Vereinigung „Das Syndikat“. Im KBV-Verlag (Hildesheim) sind von ihm bisher die Krimis „Lass mich für dich sterben“ und „Fluchtwunden“ erschienen. In der KBV-„Edition Eyfalia“ erschien außerdem sein Roman „Der Kirchenmann“. Vertreten ist Reuter zudem in diversen Anthologien wie „Tatort Eifel 2“ von Jacques Berndorf (2009) und „Deichleichen“ (2011). Weitere Informationen unter: www.manfredreuter.de.

Andreas Scheepker, Jahrgang 1963, ist in Hage (Ostfriesland) aufgewachsen. Er studierte Evangelische Theologie in Münster und Göttingen und später noch Literaturwissenschaft, Geschichte und Pädagogik. Sein Vikariat verbrachte Scheepker von 1990 bis 1992 in Georgsmarienhütte und in Loccum. Anschließend war er Gemeindepastor in Norden und von 2002 bis 2007 Leiter der Evangelischen Jugendbildungsstätte Asel. Heute unterrichtet er am Auricher Gymnasium Ulricianum und arbeitet als Pastor gemeinsam mit seiner Frau in Westerende bei Aurich. Mehrere Ostfriesland-Krimis stammen aus seiner Feder, zuletzt erschien 2009 „Tod eines Häuptlings“. Außerdem beteiligte er sich an Anthologien und Veröffentlichungen zu regionalgeschichtlichen Themen. Andreas Scheepker ist verheiratet und hat einen Sohn. Weitere Informationen unter: www.histo-couch.de und www.leda-verlag.de/33.html.

Désirée Warntjen, 1964 in Fedderwardergroden geboren, wuchs in Jever auf und lebt heute mit ihrer Familie in Sande. Sie studierte Germanistik und Kunst an der Carl von Ossietzky Universität in Oldenburg, volontierte in der Redaktion der Tageszeitung „Anzeiger für Harlingerland“ in Wittmund und arbeitet seit 2001 als freie Journalistin und Autorin für regionale und überregionale Printmedien. Sie ist Mitglied der Schreibwerkstatt „Lose Blätter“ und verfasst literarisch überwiegend Kurzgeschichten und lyrische Texte.

Klaus-Peter Wolf, geboren am 12. Januar 1954, lebt als freier Schriftsteller und Drehbuchautor in Norden (Ostfriesland). Seine Ostfrieslandkrimi-Reihe um die Kommissarin Ann Kathrin Klaasen erreichte rasch Kultstatus und wurde über 200 000 Mal verkauft. Seine Fernsehfilme wurden oft zu Einschaltquotenhits. Für das Drehbuch zum Fernsehfilm „Svens Geheimnis“ erhielt er 1996 den Rocky Award for best made TV-movies (Kanada) und den Erich-Kästner-Preis (Berlin-Babelsberg) sowie 1998 den Magnolia Award Shanghai für das beste internationale Drehbuch. Den Anne-Frank-Preis erhielt er 1985 für Buch und Film „Die Abschiebung“ (Amsterdam). Klaus-Peter Wolf gilt als leidenschaftlicher Geschichtenerzähler. Seine Bücher wurden in 24 Sprachen übersetzt – mit einer verkauften Auflage von über acht Millionen Exemplaren. Weitere Informationen unter: www.klauspeterwolf.de.

1 | Altfunnixsiel
2 | Altharlingersiel
3 | Altgarmssiel
4 | Bensersiel
5 | Borssum
6 | Carolinensiel
7 | Ditzum
8 | Dornumersiel
9 | Fedderwardersiel
10 | Friederikensiel
11 | Greetsiel
12 | Harlesiel
13 | Hilgenriedersiel
14 | Hooksiel
15 | Horumersiel
16 | Inhausersiel
17 | Kniphausersiel
18 | Knock
19 | Leybuchtsiel
20 | Leysiel
21 | Neßmersiel
22 | Neufunnixsiel
23 | Neugarmssiel
24 | Neuharlingersiel
25 | Petkum
26 | Rüstersiel
27 | Sophiensiel
28 | Wapelersiel
29 | Westeraccumersiel

● Krimi-Sielorte (weiß)
● übrige Sielorte (schwarz)

FRIESISCHE NORDSEE
WANGERLAND
WIESEN, SAND UND MEER
NORDSEE – DIE GANZE VIELFALT
Weit und breit… so lauten die schönsten Eigenschaften des Wangerlandes. Eingerahmt vom Jadebusen und von der Kette der Ostfriesischen Inseln bietet die Region Urlaub auf breitester Ebene – zum Entspannen, Entdecken, Ruhen, Radeln, Segeln, Surfen, Amüsieren und „Abtauchen". Probieren Sie's aus!
HORUMERSIEL-SCHILLIG · HOOKSIEL · MINSEN-FÖRRIEN · HOHENKIRCHEN
Wangerland · Touristik GmbH · Zum Hafen 3 · 26434 Horumersiel-Schillig
Tel: 04426 / 987 - 0 · Fax: 04426 / 98 71 87 · info@wangerland.de · www.wangerland.de

BROKEN SILBER
THIELE TEE
ECHTE OSTFRIESISCHE MISCHUNG
HÖCHSTE QUALITÄT
Selbst in den spannendsten Momenten darf für Ostfriesen eines nie fehlen:
eine gute Tasse THIELE TEE. Denn bei höchster Qualität gibt es keine Kompromisse. Darauf können Sie sich verlassen!
PERSÖNLICH VERBÜRGTE QUALITÄT
Ihr Franz Thiele
THIELE TEE
Höchste Qualität seit 1873
www.thiele-tee.de | thieletee@t-online.de